Arnold Jacobi

Japanische beschalte Pulmonaten

anatomische Untersuchung des in zoologischen Museum der Kaiserlichen

Universität in Tokyo enthaltenen Materiales. I., Pulmonaten

Arnold Jacobi

Japanische beschalte Pulmonaten
anatomische Untersuchung des in zoologischen Museum der Kaiserlichen
Universität in Tokyo enthaltenen Materiales. I., Pulmonaten

ISBN/EAN: 9783743489769

Hergestellt in Europa, USA, Kanada, Australien, Japan

Cover: Foto ©ninafisch / pixelio.de

Manufactured and distributed by brebook publishing software
(www.brebook.com)

Arnold Jacobi

Japanische beschalte Pulmonaten

Japanische beschalte Pulmonaten.

Anatomische Untersuchung des in zoologischen Museum der Kaiserlichen Universität in Tokyo enthaltenen Materiales.*

I. Pulmonaten.

Von

Dr. Arnold Jacobi in Leipzig.

(*Vorgelegt durch Prof. Ijima.*)

Hierzu Tafeln I—VI.

Einleitung.

Im Herbste des Jahres 1896 sandte Herr Professor IJIMA die Landschneckensammlung des zoologischen Museums der kaiserlichen Universität in Tokio zur wissenschaftlichen Durch-arbeitung nach Leipzig an Herrn Professor SIMROTH. Dieser hatte die Güte mir das Spiritusmaterial zur anatomischen Untersuchung anzuvertrauen — eine Aufgabe, der ich mich sehr gern unterzog, weil unsere Bekanntschaft mit dem inneren Bau der ostasiatischen Landgastropoden eine sehr mangelhafte ist,

---

* *Einleitende Bemerkungen zu einer Bearbeitung der japanischen Binnen-schnecken*, von DR. H. SIMROTH, Professor der Universität Leipzig.—Mit Herrn Professor Ijima verhandelte ich über japanische Nacktschnecken, die mir bei der Beschäftigung mit der Nacktschneckenfauna des russischen Reiches zur Feststellung der geographischen Grenzen der einzelnen Arten sehr erwünscht waren. Derselbe hatte die Freundlichkeit, mir die im Museum zu Tokyo auf-gestapelten Binnenschnecken von Japan und den Liu-Kiu-Inseln in toto zur Ansicht und Bearbeitung zu übersenden. Leider erlaubt meine Zeit nicht, mich der Aufgabe mit der wünschenswerthen Gründlichkeit zu unterziehen. Wohl aber gelang mir's, hier in Leipzig in Herrn Dr. Jacobi und Herrn Ehrmann, früheren Schülern von mir, Mitarbeiter zu finden. Der Umstand, dass die verschiedenen Bearbeiter an demselben Orte wohnen, gestattet ein

und die Ausfüllung dieser Lücke nicht geringe Vorteile für die
Förderung der Weichtierkunde erhoffen liess.

Wenn nun auch die auf den folgenden Seiten mitgeteilten
Ergebnisse meiner Thätigkeit nicht sehr umfangreich genannt
werden dürfen — was sich mit daraus erklärt, dass die Objekte
nicht immer zielbewusst eingesammelt und conserviert, zum Teil
nur in unzulänglicher Anzahl vorgelegt waren —, so glaube ich
doch erstens manches anatomisch Neue und Beachtenswerte
gefunden zu haben, was die Kenntnis von den ostpalæarctischen
Pulmonaten erweitert und zweitens eine Anzahl Gesichtspunkte
zum Ausbau ihrer Systematik aufzuzeigen. Es dürfte unter
dem von mir Gegebenen sich mehr wie ein Beispiel für die
von den Conchyliologen nicht gern anerkannte Behauptung
befinden, dass die Beschreibung der Schalen allein zur Erken-
nung von natürlichen Verwandtschaftsbeziehungen durchaus un-
zulänglich ist, und dass die Zergliederung *eines* Tieres mehr
nützt als die Kennzeichnung von vielen Gehäusen. Wenn ich
dabei das sehr oft mangelhafte und die zahlreichen Lücken in
meinen Beobachtungen möglichst hervorgehoben habe, so hoffe
ich die japanischen Zoologen auf den Weg gewiesen zu haben,
den sie beschreiten können, um die Kunde von diesem Zweige

erfreuliches Zusammenwirken, so dass wir hoffen dürfen, das Material zu einer
übersichtlichen, sichtenden, morphologischen und zoogeographischen Darstellung
der japanischen Fauna zu verwenden. Herr Ehrmann hat für die beschalten
Formen die systematische und geographische Bearbeitung, die Zusammenstellung
alles litterarischen Einzelheiten, die seit den letzten grösseren Arbeit von Kobelt
bekannt geworden sind, mit dem vorliegenden Material übernommen, Herr
Dr. Jacobi will die Anatomie derselben liefern, ich selbst habe mir die Nacktschnecken und eventuell eine Schlussübersicht vorbehalten.

Als erste Frucht legen wir heute die anatomische Untersuchung der
beschalten Pulmonaten von Dr. Jacobi vor. Derselbe wird später die von den
terrestrischen Prosobranchien, den sogenannten Neurobranchien, liefern. Ich
habe einige Ergänzungen in Anmerkungen eingeschaltet.

ihrer heimischen Tierwelt und damit die Malakozoologie selbst zu fördern.

An selbständigen Vorarbeiten für unseren Gegenstand besitzen wir ausser dem kleinen Aufsatze von WIEGMANN ('78) nichts. Dagegen enthält PILSBRY's grosses Werk über *Helix* ('94) mehrere von ihm selber herrührende Angaben über die Anatomie japanischer Arten. Dieses Werk ist wegen der grossen Sachkenntnis des Verfassers, die sich in umfassender Berücksichtigung aller bekannten Einzelheiten zumal des inneren Baues kundgiebt, von der höchsten Wichtigkeit für das Studium der ungeheuren Familie der Heliciden. Deshalb habe ich mich, soweit es nur irgend die gewonnenen Befunde erlaubten, an PILSBRY's Einteilung des Stoffes gehalten. Unentbehrlich für den Zootomen ist auf diesem Gebiete ferner der noch früher erschienene Aufsatz v. IHERING's ('92) über *Helix*, der die Morphologie in kritischer Behandlung für die Systematik dieser Schnecken verwertet. Dass SEMPER's Reisewerk bei der Nachbarschaft seines und unseres Arbeitsfeldes oft heranzuziehen war, ist einleuchtend.

Ueber die Behandlungsweise des Stoffes sei bemerkt, dass ich möglichst die gesammte Anatomie eines jeden Tieres in den

---

Der systematisch-geographische Theil verspricht viel Interessantes in Bezug auf Arten und Varietäten und deren Verbreitung mit Beziehung auf die Nachbarprovinzen. Schon jetzt sei darauf hingewiesen, dass die Gattung *Helicarion*, bisher von Japan unbekannt, in zwei neuen Arten daselbst nachgewiesen werden konnte; wir haben somit im Osten einen ähnlichen Vorstoss des tropischen Genus nach Norden wie weiter westlich in Turkestan und im Kaukasus. Die Publication der genauen Bearbeitung muss allerdings, da Herr Ehrmann's Zeit sehr in Anspruch genommen ist, noch ein wenig hinausgeschoben werden.

Ich selbst habe die definitive Ausführung meines Theiles verzögert, bis ich in der Durchführung der ostasiatischen Continentalfauna eine feste Stütze gefunden haben werde.—Leipzig, d. Dezember 1897.

Kreis meiner Beobachtungen zu ziehen gesucht habe, wie dies auch WIEGMANN in seiner gründlichen Bearbeitung des von MAX WEBER gesammelten Materiales von indischen Landschnecken thut ('93). Wenn dabei der Genitalapparat die wichtigste Stelle in der vergleichenden Betrachtung einnimmt, so wird das jeder mit dem Gegenstande vertraute billigen ; unter Anderem habe ich geglaubt, auf die Form der Zwitterdrüse mehr Wert legen zu sollen, als dies gewöhnlich geschieht; aber ich habe ausserdem nach Möglichkeit und wie mir scheint mit Erfolg die Muskulatur, den Darmtraktus nebst dessen Innerem und die äussere Leibesform und Färbung berücksichtigt. Auch der jetzt etwas in Misskredit gekommenen Untersuchung der Radula ist Aufmerksamkeit geschenkt, denn mir scheint, dass der gesammte Habitus der Querreihen von Zähnchen, wie man ihn bei aufmerksamer Betrachtung der Glieder vor Augen bekommt, nicht so unwichtig für die Unterscheidung von Unterfamilien und selbst von Gattungen ist, wie öfters behauptet wird. Zugleich bemerke ich, dass die Bezeichnungsweise der Radulaglieder die von v. IHERING vorgeschlagene ist, also C den Centralzahn, L die Lateral- und M die Marginalglieder bedeutet. Ich habe unterlassen die Gesammtsumme von Querreihen anzugeben, weil diese schwankend und an mangelhaftem Material nicht leicht festzustellen ist, sowie weil sie mir überhaupt bedeutungslos erscheint. Unberücksichtigt habe ich das Nervensystem gelassen, weil mir zu einer eingehenden Untersuchung die Zeit fehlte, und ich bei der grossen Uebereinstimmung der Verhältnisse innerhalb der Familie keinen grossen Wert in einer solchen sehe ; ich berufe mich auf PILSBRY, der gleicher Meinung ist ('94, XXVII).

In Betreff der Abbildungen füge ich noch hinzu, dass ich

die Organcomplexe nicht wie die Autoren zu thun pflegen in situ
darstelle, sondern auseinander gelegt, denn die Manier, solche
in der Lage im Tierkörper als einen mehr oder weniger wirren,
von Bindegewebe umsponnenen Knäuel wiederzugeben, macht es
dem Beschauer schon mit Unterstützung von Erklärungen
schwer, ohne diese aber oft unmöglich sich in die betreffenden
Verhältnisse hineinzufinden. Die Schreibweise der Namen ist
die englische.

Auf den folgenden Blättern gebe ich meine Beobachtungen
über die eingesandten beschalten Pulmonaten, während ich über
die wenigen Landprosobranchien in einiger Zeit zu berichten
gedenke.

Endlich möchte ich Herrn Professor SIMROTH für die Ueberweisung des Gegenstandes, für Aushilfe mit Litteratur und für
so manchen wertvollen Wink meinen herzlichen Dank aussprechen.—Leipzig, am 25. November 1897.

Helicarion septentrionalis Ehrm.

(Taf. I, Fig. 1–11).

Die mir vorliegenden 7 Exemplare (wovon 4 ganz jugendliche) eines so weit nach Norden vorgeschobenen Vertreters der tropischen Gattung wurden bei *Nikko* gesammelt, einer im Innern der Hauptinsel am Ostabhange der centralen Gebirgskette gelegenen Stadt. Das grösste davon besitzt eine Sohlenlänge von 3,5 cm., wobei 2,4 cm. allein auf den Schwanzteil kommen, und eine Sohlenbreite bis zu 0,4 cm. Die gracilen Körperformen des Genus sind hier am meisten ausgeprägt, was sich besonders durch die ungemeine Länge und Dünne des Schwanzes kundgiebt. Ausser dem doppelten Fusssaum bemerkt man eine dreiteilige Sohle, deren schmales Mittelfeld durch zwei tiefe Furchen von den breiten Seitenfeldern abgegrenzt ist. Der Rücken trägt eine Längsfurche, von der parallele Riefen schräg nach der Sohle hin verlaufen (vgl. die Abbildung von EHRMANN im systematischen Teile. Unter dem wohlentwickelten Schwanzhorne befindet sich eine senkrechte von zwei Hautfalten gebildete Rinne, in deren Tiefe die Schleimdrüse mündet.

Die Farbe ist oben schieferschwarz, unterbrochen durch eine hellere Partie unter dem Eingeweidesack, die Sohle weisslich.

Bekanntlich haben die *Helicarion* eine starke Entwicklung der Mantellappen in der Umgebung des Pneumatostoms aufzuweisen; so auch unsere Art. Rechts und links von jenem liegen die segelförmigen weisslichen *Nackenlappen* (Fig. 1, *nl, nr*), hinter ihnen die sehr langen — bis zu 1,6 cm. — *Schalenlappen* (*sl, sr*), welche sich über den Mündungsrand der Schale legen. Ihre dünnen Ränder sind umgerollt, ihre Farbe schwärzlich mit hellerem Geäder.

Der *Columellarmuskel* verzweigt sich in der Art, dass der Rückzieher des Schwanzteiles (Fig. 2, *rc*), die beiden Seitenretraktoren (*rd*, *rs*) und der Pharynxretraktor (*rph*) an ein und demselben Punkte entspringen, worauf dieser in halber Länge in zwei glatte Stränge zum Pharynx hin zerfällt, während die Seitenretraktoren eine kurze Strecke miteinander verschmolzen sind.

In der wenig geräumigen Atemhöhle liegt eine kurze breite *Niere* (Fig. 3, *n*) mit feinkörniger Oberfläche, deren Absonderungen von dem sehr weiten *Ureter* (*ur*) fortgeleitet werden. Sein Lumen ist mit vielen anastomosierenden Querfalten ausgestattet, die man von aussen durchschimmern sieht; das Innere des Harnleiters erscheint infolgedessen schwammig. Solche „spongiöse" Harnleiter beschreibt auch SEMPER ('94, 57) von *H. margarita* und *Freycineti*.

Der *Schlundkopf* ist robust, von fast kugeliger Gestalt, und die knopfförmige Radulascheide so tief in ihn hineingezogen, dass sie gar nicht vorsteht. Die *Speicheldrüsen* stellen zwei sehr dicke Packete mit dünnen fadenförmigen Ausführgängen dar. Der *Kiefer* (Fig. 4) ist schwach gebogen, unten mit vorspringendem stumpfen Zahn, ohne Rippen, also oxygnath. Seine Breite beträgt 2,1 mm.

Ueber die Zusammensetzung der *Radula* habe ich folgendes mitzuteilen. Die Breite der Querreihen ist wie bei den anderen Gattungsverwandten eine ganz beträchtliche in Folge der starken Entwicklung von ·Randgliedern. Die verschiedenen Arten von Zahnplatten besitzen insgesammt einen schlanken Bau und nach aussen gekrümmte, sichelartige Form.

Die Basalplatte des *Rhachiszahnes* hat die Gestalt eines Bisquits, indem die Breite vorn und hinten die gleiche ist bei

konkaver Einziehung der Seitenkanten. Der Vorderrand ist
etwas konkav, der Hinterrand stark convex (Fig. 5, *m*). Das
Epithem besteht aus einer sehr langen, schmalen und spitzigen
Hauptspitze, die den Hinterrand bedeutend überragt, und zwei
stumpfen, weit vorn angesetzten Nebenzacken.

An den *Lateralzähnen* findet sich ein langer Mesodont und
ein ebenfalls wohl entwickelter Ektodont. Merkwürdiger Weise
tritt in den ersten Gliedern vereinzelt auch ein kleiner Entodont auf, den man im übrigen gänzlich vermisst (Fig. 5, 2 *r*).
Der erste Lateralzahn nimmt noch eine nahezu parallele Richtung zur Längsachse der Reibeplatte ein, mit wachsender Längsreihenzahl wird sie schief nach innen zu verschoben. Sobald
diese Erscheinung den Grad erreicht, dass der Mesodont sich
nach innen über die Basalplatte des Nachbargliedes legt, was
ziemlich unvermittelt vor sich geht, entstehen die

Marginalzähne. Deren Epithem ist sehr schmal und haken-
förmig nach innen gekrümmt. Obwohl weiter nach der Spitze
zu gerückt als in den Lateralgliedern, bleibt der Ektodont doch
beträchtlich hinter dem Mesodonten zurück, beteiligt sich also
nicht an der Bildung der Schneide; weitere Nebenspitzen treten
nicht auf.

Die Anordnung der Zähne in einer Querreihe bildet eine
anfangs nahezu wagerechte, dann aber stark nach vorn ge-
schweifte Linie (Fig. 6). Die Zahnformel würde sein

$$52 + 1 + 52 = \frac{C}{3} + \frac{17\,L}{2\,(3)} + \frac{35\,M}{2}.$$

Im Vergleich mit den von SEMPER ('70) und WIEGMANN
('93) untersuchten Arten hat *II. septentrionalis* mit 105 die
geringste Anzahl von Gliedern in der Querreihe, während jener

Bezahnung zwischen 120 (*H. bisligensis, Freycineti*) und 620 (*politissimus*) schwankt.

Masse der einzelnen Gruppen von Zahnplatten sind

$C=0{,}0456$ mm.
$L=0{,}0550$ mm.
$M=0{,}0513$ mm.

Wir kommen zu den *Genitalorganen*. Ursprungstätte der Geschlechtsstoffe ist eine aus mehreren gesonderten Kugeln bestehenden *Zwitterdrüse* (Fig. 7, *zd*), von der ein nur wenig geschlängelter Gang zu der *Eiweissdrüse* (*ed*) führt, einem massigen Organe von Dreiecksform. Ueber das „Divertikel" des Zwitterganges werden unten bei *Ganesella japonica* einige Worte folgen. Hier ist es durch eine einfache Knickung nur eben angedeutet. Der anschliessende *Ovispermatodukt* (*osd*) ist vielfach krausenartig gefältelt und vom breiten sich deutlich abhebenden Prostatabande begleitet. Er wird nach Abzweigung des Samenleiters zu einem weiten *Uterus*, der nach kurzem Verlaufe in die ebenfalls kurze *Vagina* (*vag*) übergeht. Die Uebergangsstelle deutet sich durch den Ansatz des *receptaculum seminis* (*rs*) an. Dies besteht aus einer kugeligen Blase und kurzem dünnwandigen Stiele.

Der Bau der männlichen Begattungswerkzeuge entspricht den von SEMPER bei anderen Arten entdeckten Verhältnissen im Wesentlichen. Zu unterst umgiebt den kräftigen *Penis* (*p*) eine ringförmige *Penisscheide* (*psch*). Er verengert sich zu dem sogenannten *Epiphallus* (*ep*), dessen proximale Grenze durch den Ansatzpunkt des Rückziehmuskels (*rp*) bezeichnet ist. Als Fortsetzung des Penis erscheint das *vas deferens* (*vd*) zunächst durch eine bedeutende Erweiterung (*erw*) angedeutet, die sich plötzlich in den eigentlichen fadendünnen Samenleiter verengert. In

unmittelbarer Nähe dieser Stelle zweigt sich von jenem noch
ein kleiner Blindsack — bei geringer Aufmerksamkeit leicht zu
übersehen — ab, der sogenannte *Kalksack* des vas deferens.

Bis hierhin finden wir die Uebereinstimmung zwischen unserer Art und den von SEMPER untersuchten, meist die Philippinen bewohnenden Species gehend. Dagegen zeigt das Innere
der Organe mancherlei Abweichungen. Im Penis erheben sich
auf der Wandung einige dicke Längswülste, deren keiner jedoch
durch die ganze Länge sich erstreckt. SEMPER beschreibt solche,
und zwar von ungleicher Mächtigkeit, nur aus dem oberen Teile
des Penis, den er auf den Abbildungen wohl unterscheidet, ohne
ihn sonst gesondert zu benennen.[1] Das Lumen der Rute setzt
sich in den Retraktor in Form eines ganz kurzen Blindsackes
hinein fort (Fig. 8, *crp*). Ferner erblickt man auf der Innen-
wandung des Penis bei schwacher Lupenvergrösserung zahllose
feine Pünktchen gleich der Oberfläche einer feinen Raspel, die
sich unter dem Microscop als dicht gedrängte Warzen erweisen,
deren ursprünglich runde Umrisse durch gegenseitige Berührung
meistens zu vieleckigen geworden sind. Weiterhin hebt sich an
jeder ein heller schmaler Saum von einer dunkleren Innenfläche ab (Fig. 9). Auf Schnitten offenbaren sich aber die Warzen als *Papillen* von Keulenform und aus eigentümlichen Ge-
webselementen aufgebaut. Ihre Bekleidung bilden nämlich ku-
bische *Epithelzellen* (Fig. 10, *ez*), die stark tingierbar sind, das
Innere wird ausgefüllt von grossen hellen *Stützzellen* (*sz*), die jede
einen schwer zu färbenden Kern enthalten. Diese Stützzellen
verbreiten sich unter den Zwischenräumen zwischen den Papillen, bilden also eine ununterbrochene Schicht. Als Basis der

---

[1] Die Ausdrücke „Patronenstrecke" (Simroth) und „Epiphallus" (v. Ihering) sind erst
später entstanden.

Papillen dient ein Gewebe (*bg*) aus gekreuzten Fasern mit vielen grossen dunkeln Kernen. So analog die eben beschriebenen Gebilde den SEMPER'schen *Penispapillen* nach Form und Verbreitung zu sein scheinen, so wenig sind sie es ihrem inneren Bau nach. Denn diese bestehen unter dem Epithel aus hohlen Chitinhaken, wahrscheinlich mit Mündungskanal und sind auch weiterhin verschieden. Auch fehlen *H. septentrionalis* die Wimperzellen zwischen ihnen. Aehnlicher sind ihnen die entsprechenden Organe von *Tennentia philippinensis* Semp. ('70, 8 Taf. V, Fig. 3, *a, b*); das innere Gewebe lässt der Autor aus „Knorpelzellen" bestehen. Jedenfalls haben wir in unseren Gebilden *Reizpapillen* zu erblicken. Die Länge einer solchen beträgt übrigens 0,1 mm., der grösste Querdurchmesser 0,06 mm.

Während die Auskleidung mit Papillen bei den philippinischen Arten von *Helicarion* nach SEMPER sich auf den distalen Abschnitt des Penislumens beschränkt, erstreckt sie sich im vorliegenden Falle sogar auf die Erweiterung des vas deferens (Fig. 7 u. 8, *erw*). Damit dürfte der Beweis erbracht sein, dass diese Erweiterung gar nicht mehr zum Samenleiter gehört, sondern ein durch Knickung etwas gesonderter Abschnitt des Penis ist — eine Thatsache, welche v. IHERING schon bei Besprechung der Anhangsgebilde ahnte ('92, 397). Freilich müssen wir alsdann darauf verzichten, die Ansatzstelle des Penisretraktors immer als Grenze zwischen Rute und Samenleiter anzusehen. Damit nötigt uns auch nichts, den *Kalksack* als ein besonderes Anhängsel des letzteren zu betrachten, er stellt vielmehr das bei so vielen Pulmonaten auftretende *Flagellum* vor. Dessen in den wenigsten Fällen nachgewiesene drüsige Natur wird hier deutlich durch seine Anfüllung mit zahllosen *Kalkkörperchen*, die hier unzweifelhaft ihre Ursprungsstätte haben. Ganz ebenso spricht sich

über die beiden letzten Punkte PFEFFER ('78,267) aus. Die Kalkkörper sind bei unserer Art 0,023–29 mm. lang und von zwei-
erlei Formen (Fig. 11, *a*, *b*), nämlich bald von der Gestalt einer
Spindel, bald einer Hantel. Grauschwarz von Farbe und lebhaft
durchscheinend geben sie ihrem Behältniss ein von dem übrigen Genitalapparat verschiedenes Aussehen.

Helicarion depressus Ehrm.

(Taf. I, Fig. 12–17).

Von dieser zweiten japanischen Art der Gattung *Helicarion*
waren 3 Stück aus *Kobe* eingesendet, wovon nur eins die
Geschlechtsreife erlangt hatte.

Aus dem 5 Umgänge beschreibenden Gehäuse ragt nur die
äusserste Schwanzspitze hervor. Die Umdrehung des Einge-
weidesackes beträgt 4 Windungen. Aeussere *Körperform* und
Mantellappen sind wie bei der zuletzt behandelten Art gebildet.
Die grösste Fusslänge ist 27 mm., die Sohle besitzt bei einer
Breite von 2,5–3 mm ein sehr schmales Mittelfeld von 1 mm.

Die inneren Organe haben im Allgemeinen solche Aehnlichkeit mit *H. septentrionalis*, dass ich mich auf die Schilderung
des *Kiefers*, der *Radula* und der *Genitalien* beschränken kann.

Ersterer (Fig. 12) ist weit robuster und höher als der der
vorigen Species, mit schärferem Zahn an der Schneidekante,
1,4 mm. breit.

Der *Mittelzahn* der Reibeplatte hat eine vorn und hinten
concav begrenzte Basalplatte (Fig. 14, *C*). Von den *Lateralgliedern* besitzen ungefähr die ersten 13 einen Entodonten. Wenn
wir uns erinnern, dass auch bei *H. septentrionalis* in den ersten

seitlichen Längsreihen gelegentlich die Innenspitze auftritt, so dürfen wir die Regelmässigkeit des Erscheinens bei der jetzt besprochenen Art als einen Beweis für die Ursprünglichkeit dieser Erscheinung innerhalb dieser Gruppe der *Helicarion* auffassen. Indem vom 14.–15. Gliede an der Entodont verschwindet und gleichzeitig das ganze Epithem nach innen zu sich über die benachbarte Platte legt, entstehen die *Randzähne*. Sie bekommen hakenförmige Gestalt, ihr Ektodont rückt nach hinten und beteiligt sich im Gegensatz zu *H. septentrionalis* an der Bildung der Schneide. Wucherzacken treten nicht auf.

Auch die Anordung der Zähne in einer Querreihe ist etwas anders, wie aus Fig. 13 hervorgeht.

Die Zahl der Längsreihen nimmt mit 147 eine Mittelstellung zwischen den schon bekannten indopacifischen Arten ein. Die Zahnformel ist

$$\frac{C}{3} + \frac{14\,L}{3} + \frac{59\,M}{2} = 73 + 1 + 73$$

$$C = 0{,}0456 \text{ mm.}$$
$$L = 0{,}0513 \text{ mm.}$$
$$M = 0{,}0456 - 0{,}0285 \text{ mm.}$$

Am weiblichen Abschnitt der *Genitalien* fällt nur der sehr kurze Stiel des kugeligen *receptaculum seminis* auf. Dagegen sind die zur Copula dienenden männlichen Organe in mehrfacher Hinsicht abweichend. So bildet das Lumen in der Ansatzstelle des *retractor penis* einen wirklichen Blindsack von einiger Tiefe (Fig. 15, 16, *crp*). Der mit Concrementen angefüllte Kalksack (*ks*) ist von beträchtlicher Länge, und damit seine Natur als die eines Flagellums noch einleuchtender als oben. Die Kalkkörperchen treten nur monomorph in Schleifsteinform auf (Fig. 17) und messen 0,097 mm. Die Auskleidung mit Reizpapillen

ist dieselbe wie bei *H. septentrionalis,* Form und innerer Bau
der gleiche.

_____

Aus der Untersuchung der zwei vorstehenden Arten gewinnen wir folgende Gesichtpunkte als Beiträge einer erweiterten
Charakteristik der Gattung *Helicarion* Fer.: Der Kiefer besitzt
einen starken Zahn. Die Reihenzahl der Radula gehört zu den
niedrigsten unter den beobachteten. In der Anzahl von Nebenspitzen an den Seitenzähnen macht sich eine Neigung zur Verarmung bemerkbar, indem besonders die Marginalglieder stets
nur zwei Spitzen aufweisen, Wucherzacken (Paradonten v. IHER.)
ganz ausfallen. Während SEMPER die Ausrüstung des Penisinneren mit Reizpapillen auf die philippinischen Arten beschränkt glauben musste, besitzen auch die japanischen solche,
wenn auch von wesentlich verschiedenem Bau. Ihr Vorkommen in der sogenannten Erweiterung des Samenleiters macht es
glaubhaft, dass wir in dieser vielmehr einen Abschnitt des Penis
zu erblicken haben. — Schliesslich möchte ich es als sehr wünschenswert bezeichnen, dass die westpalaearctischen Arten auf
ihre Anatomie hin untersucht werden könnten.

Conulus tener Ad.

(Taf. I, Fig. 18–20.)

Dieser winzige Zonitide war in einer grösseren Anzahl von
Hakodate, dem Handelshafen der Nordinsel eingesendet worden.
Leider waren es meist junge Stücke, zudem alle recht bröcklich,
was bei der Kleinheit des Tieres die Untersuchung so erschwerte,
dass ich nicht über alles Wünschenswerte in Klarheit gekommen bin.

Die Umdrehung des Eingeweidesackes ist 3½ Windungen.
Die Sohle des grauweissen Fusses durch zwei tiefe Furchen
dreigeteilt. Am Ende des Schwanzes ein kurzes Hörnchen.
Unter den Mantelorganen ist die Niere dreieckig und spitz, von
der zweifachen Länge des Perikardes, der Nierenharnleiter sehr
breit. Am 0,7 mm. breiten Kiefer ist der Zahn nur eben angedeutet.

Da es mir nicht gelang, eine unverletzte *Radula* zu erhalten, bin ich nicht im Stande die Zahl der Längsreihen vollkommen an zugeben, doch dürfte die gefundene von 61 nach
der Form der äussersten Randglieder sowie nach der Analogie verwandter Arten wenig hinter der wirklichen zurück-
bleiben.

Am *Mittelzahn* (Fig. 19, *C*) ist die Basalplatte vorn eher
noch etwas breiter als hinten, die Hauptspitze gestreckt, die
beiden Nebenspitzen kurz, knopfförmig.

Die *Lateralzähne* haben ebenfalls lange spitze Mesodonten,
die gerade nach hinten gerichtet den Hinterrand ihrer Basalplatten weit überragen und kurze stumpfe Entodonten, die jenen
kaum erreichen. Die Basalplatte ist stark konkav-konvex, wie
geknickt. Mit der wachsenden Reihenzahl schiebt sich das
ganze Epithem schief nach innen, sodass ungefähr von der 12.
an die Seitenplatten die Gestalt gekrümmter Haken annehmen,
welche die Basalplatte des inneren Nachbargliedes überdecken.
Während die Innenspitze ganz verschwindet, spitzt sich der
Ektodont zu und rückt nach hinten, ohne aber die Höhe
des Mesodonten zu erreichen. Diese Art der Seitenglieder
kann als *Marginalzähne* betrachtet werden. In den aussersten
Gliedern tritt durchgängig eine weitere Aussenzacke zum Ektodonten.

Die unvollständige Formel ist

$$(30+x)+1+(30+x)=\frac{C}{3}+\frac{11\ L}{3}+\frac{19+x\ M}{2-3}$$

Die Länge aller Glieder beträgt ungefähr 0,0184 mm.

Bei der Untersuchung der *Genitalien* machte ich zu meinem Erstaunen Befunde, die vom bisher Bekannten sich nicht unwesentlich unterscheiden. Ich beziehe mich dabei im Wesentlichen auf die Mitteilungen v. Ihering's ('92, 415–18, Taf. 18, Fig. 7, 11) über *C. semen lini* Meric. und *C. fulvus* Drap. — Die Zwitterdrüse kam nicht zur Beobachtung, dagegen zeigt die *Eiweissdrüse* denselben kurzlöffelförmigen Umriss wie bei jenen. Desgleichen ist der Spermovidukt nur mässig lang und wenig gekraust. Die anschliessende *Vagina* dagegen (Fig. 20, *vag*) ist vollkommen glatt, gestreckt und drehrund, während das Organ obiger Arten angeschwollen und mit verdickter, drüsiger Wandung versehen ist; eine eben erkennbare Abschnürung soll bei *C. semen lini* als Samentasche dienen, die sich an *C. fulvus* schon zu einem kleinen Blindsacke entwickelt hat. Recht überraschend ist es also, wenn wir bei unserm *C. tener* ein *vollständig ausgebildetes Receptaculum seminis* vorfinden, an der gewöhnlichen Stelle, mit langem kräftigem Stiele und ovaler Blase (*rs*). Dann wäre in unserer Art der Gipfel einer Entwicklungsreihe zu erblicken, die mit *C. semen lini* beginnt und über *C. fulvus* als Mittelstufe zu der besprochenen Form hinleitet! Achnliches kennen wir aus der Gattung *Microcystis*, denn *M. succinea* Pfr. besitzt ein kurzes Receptaculum, *M. myops* Semp. aber nicht (Semper '70, Taf. III, Fig. 11; Taf. IV, Fig. 9). Vorausgesetzt wird allerdings, dass bei der Kleinheit der Tiere das Receptaculum nicht von v. Ihering übersehen wurde.

Der durch ein kurzes *vas deferens* mit dem weiblichen Apparate in Verbindung stehende *Penis* ist in Epiphallus und eigentliche Rute gegliedert. Sehr tief unten setzt sich der feine Rückzieher an, und distal vor diesem zweigt sich eine plumpe hornförmig gekrümmte *Appendix*[1] (*app*) ab. Soweit ähneln die Verhältnisse den bekannten; das Innere des Penis lässt aber die grossen Knorpelpapillen vermissen, welche v. IHERING bei *C. semen lini* entdeckte, während sie *C. fulvus* ebenfalls fehlen. Trotz der Kleinheit des Objektes glaube ich nicht, diese Organe übersehen zu haben, da auch Quetschpräparate unter dem Microscope nichts davon zeigten. Sahen wir doch, dass auch die Zonitidengattung *Helicarion* Arten mit Bewaffnung des Penislumens und welche ohne eine solche enthält.

Ganesella japonica Pfr.

(Taf. I, Fig. 21–27. Taf. II, Fig. 28–32)

Von dieser Art, welche wir als Typus der Gattung betrachten wollen, lagen Exemplare von verschiedenen Fundorten zur Untersuchung vor. Ein einzelner Kiefer nebst Radula war von KATO gesammelt in *Komota-mura* bei *Kôchi*, ferner stammten zwei Exemplare von *Tokyo* und sechs weitere von *Higashiyama* bei *Aizu*, Provinz *Iwashiro*.

Das von der Schale befreite Tier zeigt sehr gestreckte und schlanke Körperformen; der Fuss, dessen Länge ca. 1,5 cm. beträgt, ist besonders hinter dem Eingeweidesack langgezogen und läuft nach hinten spitz zu. Seine schmale Sohle ist ungeteilt mit breitem Saum. Oben erstreckt sich eine Längsfurche. Auf der äusseren Mantelfläche des vier und eine halbe

---

1) Das Wort ist weiblichen Geschlechtes!

Umdrehung beschreibenden Eingeweide-Bruchsackes ist eine sparsame braune Fleckenzeichnung zu sehen, die nach dem Mantelrande zu etwas verwaschen ist, während über dem distalen Teile der Niere und der anschliessenden Lungenvene die Flecken dichter zusammentretend eine Art Band bilden (Fig. 21).

Bei Eröffnung der ziemlich langgezogenen *Mantelhöhle* fällt zunächst die sehr lange und schmale *Niere* auf (Fig. 22), der ein fadenförmig dünner Ureter parallel läuft. Sie hat eine Ausdehnung von 2,8 cm., was ungefähr der sechsfachen Länge des Pericardes entspricht. Das *Herz* des einen Exemplares aus *Tokyo* zeigte ein Atrium von erheblicher Grösse, sehr derber Wandung und einer ganz sonderbaren glockenförmigen Form (Fig. 23), deren Herkunft ich mir nicht zu erklären weiss.

Die Aeste des grossen *Spindelmuskels* verzweigen sich in folgender Weise. Aus gemeinsamer Wurzel entspringen der Rückzieher des Schwanzes (Fig. 24, *rc*) und die beiden grossen, Retraktoren (*rd* und *rs*). Der Pharynxretraktor (*rph*) entspringt selbständig aus dem Columellaris, doch ist er mit dem linken Seitenretraktor durch Bindegewebsmasse und an deren distaler Grenze durch ein schmales Muskelband (*b*) eine Strecke lang verbunden.

Der *Verdauungstraetus* besitzt einen Pharynx von der gewöhnlichen Form und eine Speiseröhre von der halben Länge des Vorderdarmes; die dem sogenannten Magen aufliegenden Speicheldrüsen sind oben ganz mit einander verschmolzen. Im Innern des Schlundkopfes befindet sich der Kiefer von stark gekrümmten Breitendurchmesser (2,1 mm.), dessen Vorderfläche zwölf erhabene Rippen trägt (Fig. 25). PILSBRY's Untersuchung dieser Species ergab einen Kiefer von robusterem Aussehen und blos neun Rippen ('94, 168, pl. 60, fig. 1).

Die *Radula* wird von 89 Längsreihen gebildet; die Anordnung der Querglieder giebt die in Taf. II, Fig. 28a angedeutete Linie wieder. Die Basalplatte des *Rhachiszähnes* ist hinten bedeutend breiter als vorn und überragt bei weitem die ihr aufgesetzte Mittelspitze, an der jederseits eine schwache Ausbuchtung die Seitenzacken ersetzt. An den ersten *Lateralzähnen* bemerkt man, dass die Basalplatte bedeutend nach aussen geschweift ist, während der Mesodont etwas schief nach innen zu gerichtet ist und einen kaum sichtbaren Ektodonten besitzt. Erst vom 15. Gliede an bildet sich dieser mehr aus und gleichzeitig gliedert sich weit hinten am Mesodonten eine Innenspitze ab. In der 20. Längsreihe haben beide Seitenspitzen ihre Selbständigkeit erlangt, so dass wir es nunmehr mit *Marginalzähnen* zu thun haben. Bei ihnen ist alsbald das Epithem so schief nach innen gestellt, dass es die Basalplatte des Nachbargliedes überdeckt. Der Ektodont erreicht auch in den äussersten Randgliedern nie die Schneidekante. Hiernach gelangen wir zur Aufstellung folgender Zahnformel :

$$44 + 1 + 44 = \frac{C}{1} + \frac{19\,L}{1} + \frac{25\,M}{3}$$

Die Masse der einzelnen Abteilungen sind

$C = 0{,}0285$ mm.
$L = 0{,}0342$ mm.
$M = 0{,}0456$ mm.

Innerhalb der *Genitalorgane* (Taf. I, Fig. 26) finden wir in den obersten Windungen des Bruchsackes und zwar dicht von Lebersubstanz umgeben die *Zwitterdrüse* (*zd*), bestehend aus einer Anzahl in einer Reihe dicht aneinander gelagerter Läppchen. Von der Drüse ab leitet ihre Produkte der kurze *Zwittergang* (*zg*), erst fadenartig und dünn, dann aber so stark zusammen-

geknäuelt und mit Bindegewebe umwickelt, dass man eine Anschwellung des Leitungsweges vor sich zu haben glaubt. Bevor
der Gang sich in die kurze zungenförmige *Eiweissdrüse* (*ed*) ein-
senkt, zweigt sich eine kleine seitliche Erweiterung von ihm ab,
das sogenannte *Divertikel* ("Talon" der französischen Autoren).
Man findet fast allgemein in der Litteratur die Angabe, dass
dieses Organ der Pulmonaten eine wirkliche blinde Abzweigung
sei, die zu gewissen Zeiten Sperma beherberge und somit eine
Vesicula seminalis sei. Eine Stütze dafür bieten die Verhältnisse
bei *Succinea*, die — durch v. IHERING zuerst auseinandergesetzt
('77) — viel weiter ausgebildet eine solche Leistung wohl zu
übernehmen im Stande sind. Was aber die Heliciden anlangt,
so ist es mir weder bei einer deutschen noch bei den japanischen
Arten gelungen, ein echtes Diverticulum zu sehen. Vielmehr
fand ich sowohl an Quetschpräparaten wie auf Schnitten nichts
weiter als eine blosse Umbiegung oder Knickung des sonst hier
geradlienig laufenden Ganges, deren beide Schenkel einander
berühren und durch Bindegewebe eng verbunden sind. Aehnliches behauptet SIMROTH von *Arion*, während mir GARNAULT's
Ausführungen[1] bei dem Mangel an Zeichnungen nicht recht
verständlich sind. Nun ist jene Umbiegungsstelle allerdings mehr
oder weniger etwas erweitert (Fig. 27) und hier können vielleicht Spermatozöen zeitweilig einen Unterschlupf finden, aber
eine wirkliche Blase zu finden wird meines Erachtens bei keiner
Helix gelingen.

Der anschliessende *Ovispermatodukt* (*osd*) ist von bedeutender
Länge und stark und gleichmässig gefältelt, so dass er wie ein
kammförmig gespaltenes Band aussieht. Ihn begleitet eine
schmale Prostata. Nachdem der Verlauf des Uterus ein gerader

---

1) Comptes rendus. Tome 106, p. 675-78.

geworden, mündet der kräftige und lange Stiel des *Receptaculum seminis* (*rs*) in ihn ein, worauf sich die kurze, weite *Vagina* (*vag*) anschliesst.[1] Uterus und Samentasche sind nicht durch Bindegewebe vereinigt. Von Pfeilsack und Schleimdrüsen ist nicht die Spur zu sehen.

Der männliche Teil des Genitalapparates beginnt mit dem *Samenleiter* (*vd*), der den Uterus tief unten, dicht vor der Ansatzstelle des Blasensticles, verlässt und bei mässiger Länge in den *Epiphallus* (*ep*) genannten Abschnitt des Penis einmündet. Hier setzt sich ein robustes *Flagellum* (*fl*) an. Der Uebergang des Epiphallus in den eigentlichen *Penis* (*p*) ist durch den Ansatz des Rückziehmuskels (*rp*) bezeichnet. Von gestreckter Form, die erst distal sich erweitert, trägt die Rute kurz hinter dem Retraktor jenes rätselhafte Anhangsgebilde, welches wir die *Appendix* (*app*) nennen. Es ist bei unserer Schnecke etwas kürzer als das Flagellum, aber breiter und von derberer Struktur. Von seinem inneren Bau soll gleich die Rede sein.

Die Leitungswege zeigen im Inneren das bei den Heliciden bekannte Relief von Längsfalten und Wülsten, die jedoch im Epiphallus verstreichen. Nur die Eröffnung der Appendix zeigt Besonderheiten. Man findet nämlich, dass die fein geschlängelten Langswülste (Pilaster) des Penislumens sich dort hinein verlängern, an einer Stelle aber sich drei Falten von besonderer Dicke und Derbheit erheben, die vom System jener unabhängig sind (Fig. 29, *w*). Bei Lupenvergrösserung erkennt man feine Längsrinnen und Querstreifen darauf, und Querschnitte zeigen (Fig. 30), dass die Wülste aus zahlreichen Längsbündeln von Muskelfasern aufgebaut sind, die von sparsameren Quersträngen

---

1) PILSBRY ('94, p. 168) fand sie dagegen „extremely long," was sich vielleicht aus der Fixierungsweise seines Materiales erklärt. Meine Exemplare waren unausgestreckt konserviert.

durchkreuzt werden. Fig. 31 macht dies noch deutlicher (*qm*, *lm*). Zwischen den Muskelbündeln sind hier und da Kalkmassen verlagert, die begierig Farbe aufnehmen. Den Abschlus nach aussen bildet ein Epithel aus hohen und schmalen Cylinderzellen (*cz*), deren grosse Kerne grundständig sind, während das fein-körnige Plasma nach aussen hin etwas dunkler erscheint (Fig. 32). Diesem Epithel liegt fest auf eine durchaus homo-gene Cuticula (*cu*) von geringer Färbbarkeit und 0,0058 mm. Dicke.

Wie ein Vergleich der Längs- und Querschnitte ergiebt, sind diese eigentümlichen Wülste in Wirklichkeit mit zahllosen Papillen bedeckt, die aber durch grössere und breitere Vertiefun-gen in Längs- und Querreihen geordnet sind, die der oben ge-dachten Flächenstruktur parallel gehen. Was ihre Bedeutung anlangt, so kann ich bei unserer Unkenntniss über die morpho-logische Stellung der Appendix überhaupt keine Vermutung darüber abgeben; eine drüsige Funktion ist jedenfalls aus-geschlossen.

Ganesella patruelis Ad.

(Taf. II, Fig. 33–35).

Es lag nur ein Examplar dieser *Genesella* aus *Okadamura* vor, dessen Organisation sehr nahe Verwandtschaft mit der zuletzt behandelten Art aufweist. Bei einer Fusslänge von 3,5 cm. besitzt es eine sehr schöne Zeichnung der äusseren Man-telfläche, indem sie mit zahlreichen grossen und kleinen schwar-zen Flecken gesprenkelt ist. Die grösseren bilden eine Reihe auf der Niere und der Lungenvene, und eine zweite längs des Spindelrandes des Bruchsackes (Fig. 33). Diese Zeichnung schimmert durch die Schale hindurch.

Die *Lungenhöhle* ist lang und schmal wie bei *G. japonica* und die respiratorische Fläche von tief schwarzer Pigmentierung, von der sich das Gefässnetz hell abhebt. Die Niere hat die fünffache Länge des Herzbeutels. Der *Genitalapparat* zeigt einen den Körperproportionen entsprechenden gestreckten Bau und gleicht der vorigen Art bis auf die Zwitterdrüse, die aus drei kleeblattförmig angeordneten Lappen besteht. Die *Muskulatur* des Leibes unterscheidet sich wenig von den Verhältnissen bei jener.

Der *Darmkanal* zeigt die oben verschmolzenen Speicheldrüsen und eine Reibeplatte von folgender Anordnung (Fig. 34):

Die Spitze des Mittelzahnes erreicht nicht selten den Hinterrand ihrer Basalplatte, ist von langspitziger Schaufelform und besitzt zwei zwar kleine, aber deutlich erkennbare Nebenspitzen. Auch in den Lateralgliedern erhalten sich diese, wenn schon der Entodont nur eine winzige Zacke ist; mehr ausgegliedert erscheint der Ektodont. Jener erlangt ungefähr in der 20. Längsreihe seine Ausbildung und rückt weiter nach hinten, ohne aber die Schneide der Mittelzacke einzuholen, während dieser sich mehr nach vorn schiebt. In den äusseren Randgliedern spaltet er sich häufig in zwei Zacken. Das Epithem der Seitenzähne besitzt die schiefe Richtung wie bei *G. japonica* und zwar in noch höherem Grade. Hiernach würde die Formel zu lauten haben :

$$47 + 1 + 47 = \frac{C}{3} + \frac{22\,L}{3} + \frac{25\,M}{4}$$

$C = 0{,}0314$ mm.
$L = 0{,}0399$ mm.
$M = 0{,}0342\text{--}399$ mm.

Obgleich in der höheren Zahl von Seitenspitzen eine Verschiedenheit vom Typus der obigen Species zu bestehen scheint,

weist doch die Form der verschiedenen Glieder und der Habitus
der ganzen Radula grosse Aehnlichkeit auf, und ich möchte im
Obigen eine altertümlichere Erscheinung sehen — nicht zuletzt
aber auch daran erinnern, dass nur *ein* Objekt der Untersuchung
diente, was den Wunsch nach Bestätigung durch weiteres Material nahe legt. — Der *Kiefer* ist 2,1 mm. breit und mit 12 oben
und unten zahnförmig vorspringenden Rippen besetzt (Fig. 35).

Ganesella myomphala Mts.

(Taf. II, Fig. 36–41).

Nicht ohne Zögern setze ich mich durch Zuteilung der bisher
als zu *Eulota*, und zwar zur Section *Euhadra* (PILSBRY '94, p.
214) gehörig betrachteten *Helix myomphala* an *Ganesella* mit
der Schalenkunde in einen Gegensatz, weil mir als Grundlage
hierfür nur ein Exemplar zur Verfügung stand, das noch dazu
keine völlige Geschlechtsreife erlangt hatte. Allein dieses eine
Stück wies die Merkmale der letzteren Gattung so ausgeprägt
auf, dass ich gerne die Gelegenheit wahrnahm, das künstliche
System der Conchyliologie in diesem Punkte durch Auffindung
natürlicher, i. e. morphologischer Beziehungen zu verbessern.
Jedoch ist eine Nachuntersuchung an reifem Materiale sehr
wünschenswert!

Die *Körperform* des aus *Kōchi* (Shikoku) herrührenden
Stückes zeigt in seiner gracilen Erscheinung diese Eigenschaft
der Ganesellen in höchster Vollendung. Sein Fuss misst 4 cm.
in der Länge, der Nacken ist durch eine Doppellinie gekielt,
und der Mantel trägt eine verwaschene braune Marmorierung,
während die Flanken mit kleinen zimmtbraunen Flecken geziert
sind.

In der ungemein ausgedehnten *Mantelhöhle* liegt eine ganz schmale, bandförmige *Niere*, von 5 cm. Länge und 0,3 cm. Breite, sodass sie das Pericard 10 mal überragt (Fig. 36). Der Harnleiter setzt sich als schmaler Faden davon ab. Das *Retraktorensystem* (Fig. 39) unterscheidet sich von dem der vorher besprochenen Species dadurch, dass beide Seitenretraktoren gleich getrennt aus dem Columellarmuskel entspringen, und nur ein schmales Bändchen weit vorn als Rudiment einer Verbindung existiert. Dagegen ist der Rückzieher des Pharynx ein grosses Stück mit dem linken verbunden.

Am *Darmkanal* fallen im Gegensatz zu dem kurzen Oesophagus die sehr langen Speicheldrüsen auf, die ziemlich bis an den Pylorus reichen und fast ganz mit einander verschmolzen sind. Der Kiefer (Fig. 37) ist 2,3 mm. breit, stark gekrümmt und trägt 9 erhabene Platten, welche Ober- und Unterrand etwas zähneln. Es gelang leider nicht, die Radula vollständig zu erhalten, doch dürften über die gezählten 41 Glieder hinaus nur wenige Randzähne existieren. Merkwürdig ist dabei, dass trotz der Jugend der Trägerin die mittleren Partien dieser Reibeplatte recht abgenutzte Zahnspitzen aufweisen (Fig. 41).

Die Basalplatte des Mittelzahnes ist hinten stark verbreitert und überragt bei weitem die kurze und stumpfe Hauptspitze des Epithems; Seitenspitzen vermisst man. Auch die stark gekrümmte Basalplatte der Lateralzähne wird hinten nicht von dem schaufelförmigen nach innen zeigenden Mesodonten erreicht. Allmählich strecken sich Basalplatte wie Epithem bedeutend in die Länge, wobei sich beide verschmälern, und die Zahnspitze das innere Nachbarglied überschneidet (Fig. 41, *No. 15*). Ungefähr in der 20. Längsreihe spaltet sich von der Hauptspitze ein kleiner scharfer Entodont ab, der sich an der Bildung der

Schneide nicht beteiligt. Da beinahe gleichzeitig ein kleiner
Ektodont entsteht, so kann man von hier ab Marginalglieder
zählen. Ihr Mesodont stumpft sich allmählig etwas ab und vom
39. an tritt hier und da ein äusserer Nebendentikel auf. Die
Zahnformel heisst demnach

$$+1(?) + 1 + 41 = \frac{C}{1} + \frac{19\,L}{1} + \frac{22(?)\,M}{3-4}$$

$C = 0,0313$ mm.

$L = 0,0399-0,057$ mm.

$M = 0,0456-0,0342$ mm.

Von den *Geschlechtsteilen* war nur die männliche Hälfte so
weit entwickelt, um eine Uebersicht ihres Baues zu gewinnen,
doch ist dies meines Erachtens hinreichend für die Recht-
fertigung der Einreihung unter *Ganesella*, wenn man vollends
die übrigen Aehnlichkeiten dazu heranzieht. Der schlanke Penis
(Fig. 40) trägt eine wohl entwickelte Appendix und geht proximal
davon in den Epiphallus über, an den sich der Rückzieher
ansetzt. Dort wo das feine Vas deferens in die Rute übergeht,
setzt sich ein Flagellum von mässiger Länge an.

Eine Charakterisierung der Gattung *Ganesella* würde auf
Grund der anatomischen Eigenschaften von *G. japonica, patruelis*
und *myomphala* ungefähr so zu lauten haben: Form des Fusses
schlank und schmal mit besonders langem Schwanze. Auf der
Oberseite eine Längsrinne. Lungendach mit Flecken gezeichnet,
die sich auf der Lungenvene und Niere gern verdichten. —
Kiefer stark gekrümmt mit ungefähr 12 Rippen, die beide Ränder stark zähneln. Radula aus ungefähr 47 Längsreihen zusammengesetzt: Mittel- und Seitenglieder ursprünglich wahrscheinlich dreispitzig, Epithem der letzteren sehr schief nach innen

gerichtet. Speicheldrüsen ganz oder fast ganz verschmolzen. — Retractor pharyngis eine Strecke lang mehr oder weniger mit dem linken Seitenretraktor verbunden. — Penis in Epiphallus, Appendix und Flagellum differenziert. Die Appendix besitzt inwendig Längswülste von eigentümlichem Bau. Ovispermato-dukt und Receptaculum seminis nicht verbunden. Pfeilapparat fehlt.

Die beiden folgenden Arten finden ihrem inneren Bau nach wohl am besten hier ihren Platz, indem sie zwischen den Gattungen *Ganesella* ohne Pfeilapparat und *Eulota* mit einem solchen durch den Besitz eines Anhanges an der Vagina mitten inne stehen. Mit der ersteren, der sie von der Schalenkunde zugeteilt werden (s. PILSBRY '94, p. 169), hat jedenfalls keine von beiden etwas zu thun, jedoch verzichte ich darauf, sie zu Typen eines neuen Genus zu erheben, weil mir ihre gleich zu bespre-chenden Eigentümlichkeiten eine mehrfache Deutung zu erlauben scheinen.

Helix conospira Pfr.

(Taf. II, Fig. 41a–42.)

Von dieser kleinen Schnecke waren 4 Exemplare aus *Nana-wo*, Provinz *Noto* eingesendet. Die Tiere trugen bei schmutzig-brauner Körperfarbe auf dem Nierendache eine braune Flecken-reihe.

Die *Niere* ist zungenförmig kurz, von weisslicher Farbe und besitzt fast die dreifache Länge des Herzbeutels.

Ueber die grosse *Muskulatur* sei mitgeteilt, dass beide Sei-tenretraktoren eine kurze Strecke verschmolzen sind, und dass der Retractor buccalis vom linken sich dicht vor, d. h. proxi-mal vor der Wurzel abzweigt.

Am *Verdauungstraktus* findet sich eine lange Speiseröhre mit
ungeteiltem Packet von Speicheldrüsen. Der *Kiefer* ist sehr gekrümmt und mit 12–13 Rippen versehen, die dem unteren Rande
eine Zähnelung verleihen; seine Breite ist 0,9 mm. (Fig. 41a).

Der Mittelzahn der *Radula* besitzt nur eine lanzettförmige
Hauptspitze, die den Hinterrand der Basalplatte nicht erreicht.
Bei den Lateralzähnen ist ein scharfer, sehr schief nach innen
gerichteter Mesodont und ein wohl entwickelter Ektodont vor-
handen. Vom 11. Längsgliede an spaltet sich der Mesodont
in 2 Spitzen, deren innere, der neue Entodont, das innere
Nachbarglied bald zum Teil überdeckt, die Schneidekante aber
gewöhnlich nicht erreicht. Die hierdurch gekennzeichneten
Randzähne weisen einen Zerfall des Ektodonten in 2–4 kleine
. Nebenzacken auf (Fig. 42).

$$\text{Formel}:\quad 24+1+24 = \frac{C}{1} + \frac{10\,L}{2} + \frac{19\,M}{3-6}$$

$$C = 0,0342 \text{ mm.}$$
$$L = 0,0456 \text{ mm.}$$
$$M = 0,0456\text{–}399 \text{ mm.}$$

Genitalien (Fig. 43): Es gelang nicht die Zwitterdrüse unverletzt freizulegen, doch schien sie eine kompakte Masse zu sein.
Wahrscheinlich ist dies in der That der Fall, denn bei der
nächstverwandten *Helix Hilgendorfi* besitzt das Organ jene Form.
Die Eiweissdrüse ist mittellang, der Uterus stark gekraust, die
Scheide lang und dünn. Der Blasenstiel der Samentasche setzt
sich hoch oben an ihr an. Ganz unten, dicht über der Ausmündung fügt sich an die Vagina ein Organ, über das man
sich Verschiedenes denken kann. Lang und etwas gekrümmt,
von cylindrischem Durchmesser und mässig derber Wandung,
wird man es für einen Pfeilsack halten. Dass ich keinen Pfeil

darin fand, würde nicht dagegen sprechen, wohl aber Ueber-
legungen morphologischer Natur. v. IHERING nämlich gelangt
in seinen kritischen Untersuchungen über den Genitalapparat
von *Helix* ('92) zu der Annahme, dass bei einer Rückbildung
des Pfeilapparates zuerst der Pfeilsack oder die Pfeilsäcke dem
Schwunde anheimfallen, während die Glandulæ mucosæ sich
ganz oder in Resten noch länger erhalten. Wenden wir diese
Hypothese auf den vorliegenden Fall an, so spricht die Thatsache, dass sich neben einem vollentwickelten Pfeilsacke auch
nicht die Spur von Schleimdrüsen findet, gegen die Wahrschein-
lichkeit, dass wir es überhaupt mit einem solchen zu thun haben.
Vielmehr halte ich das Organ (Fig. 43, *appc*) für eine *Appendicula*, diesen Anhang des weiblichen Teiles der Genitalien,
welchen jener Forscher der Appendix und der sogenannten
Liebesdrüse homolog setzt, dergestalt, dass immer nur eines
dieser drei Gebilde sich an einem und demselben Tiere finden
soll. Auch die im Verhältnis zum ganzen Geschlechtsapparate
so excessive Grösse des Organes stützt diese Vermutung.

Im Uebrigen treffen wir ein mittellanges Vas deferens,
und an dessen Eintrittsstelle in den gestreckten Penis ein
kräftiges Flagellum, unterhalb dessen der feine Rückziehmuskel
an die Rute herantritt. Das zwischen diesen Punkten liegende
Stück ist der Epiphallus. Der rechte Tentakelretraktor läuft
über den Samenleiter zwischen Penis und Vagina.

Helix Hilgendorfi Kob.

(Taf. II, Fig. 44–46.)

Die zahlreichen von IJIMA in *Nikko* gesammelten Exemplare
zeigen den 1 cm. langen Fuss fast vollständig in den Mantel

zurückgezogen, sodass nur die ungeteilte Sohle für den Beschauer
sichtbar ist. Der Eingeweidesack beschreibt 3 Umgänge, seine
Mantelpartie trägt kleine dunkelbraune Flecken, die hier und
da in Querbinden zusammenfliessen (Fig. 44). Die Mantellappen sind sehr klein. Wie bei *H. conospira* ist die Niere
kurz, nämlich nur von der doppelten Länge des Herzbeutels.
Auch der Spindelmuskel hat dieselbe Verzweigung wie bei jener.
Der *Kiefer* ist weniger gekrümmt, 1,2 mm. breit, mit 12–13
Platten besetzt, deren mittelste nach unten etwas vorspringen,
sodass die Andeutung eines Zahnes zustande kommt (Fig. 45).
Die Radulazähne sind nach Zahl, Form und Anordnung denen
von *H. conospira* gleich.

Die *Geschlechtsteile* (Fig. 46) haben den Bau der vorigen
Art. Die Zwitterdrüse ist ungeteilt, die Appendicula stark
gekrümmt und dem Anschein nach etwas höher der Vagina
angesetzt als bei jener.

Zur Frage nach der Unterbringung dieser beiden Heliciden
im System möchte ich bemerken, dass sie sich, auch wenn wir
die Deutung des fraglichen Anhanges als Appendicula annch-
men, nicht ohne weiteres in die von PILSBRY ('94, p. xxxii)
angewendete Gruppierung einreihen lassen. Denn es ist bisher
noch keine Helicide untersucht worden, welche die der Tribus
Epiphallogona zukommenden Eigenschaften des Kiefers, der
Bezahnung, des männlichen Apparates mit dem Besitz der den
tieferstehenden Abteilungen angehörenden Appendicula vereinigte. Die nächste Forderung würde jedenfalls sein, entweder
zur Auffindung eines Pfeiles im Lumen jenes Gebildes oder
einer Uebereinstimmung seines histiologischen Baues mit dem

einer solchen Art, welche einen echten weiblichen Anhang besitzt. Eine genauere Untersuchung über den zweiten Punkt ist
leider bisher noch nicht unternommen worden.

Belogona Euadenia.

Die unter die *Belogona Euadenia* zu rechnenden japanischen
Heliciden gehören, soweit sie mir vorliegen, sämmtlich zu dem
grossen Genus *Eulota* Hartmann im Sinne Pilsbry's. Freilich
kann ich auf Grund meiner Sectionsergebnisse dessen Meinung
('94, 201) nicht teilen, dass eine weitere generische Trennung
nach dem anatomischen Bau überflüssig sei, da sie sich nur auf
das Vorhandensein oder den Mangel eines Flagellum stützen
könne; ich finde vielmehr, dass seine Sectionen zum mindesten
den Wert von Untergattungen haben und glaube diese entsprechend charakterisieren zu können. Ohne dass ich einer
überflüssigen Gattungsspalterei das Wort reden will, wie sie auf
anderen Gebieten der systematischen Zoologie, z. B. der Orni-
thologie, zu einem wahren Unfug geworden ist, kann ich doch
keinen Vorteil für das natürliche System und auch das Ge-
dächtnis darin finden, wenn die Conchologen sich scheuen Gattungsnamen wie *Campylæa*, *Gonostoma*, *Pomatia* selbständig zu
verwenden. So wenig wie die Kerbtierkunde von heute jeden
Rüsselkäfer *Curculio* nennt, eben so umständlich und altväterisch
ist eine Nomenclatur wie die immer wiederkehrende „*Helix*
(*Tachea*) *hortensis*. Müll" u. a. m. Andererseits kann ich nicht
umhin ausdrücklich hervorzuheben, dass die Schalenkunde sich
durch die Prägnanz ihrer oft ungemein treffenden Bezeichnungen
vorteilhaft von den übrigen Einzelgebieten abhebt. Innerhalb
der letzteren hat der mit dem Grundsatze der Priorität getrie-

bene Götzendienst eine wahrhafte Verwilderung im Namengeben
herbeigeführt, die sich besonders in der möglichsten Beiseite-
schiebung des nützlichen Grundsatzes „Nomen et omen" aus-
spricht. · Statt dessen erlebt man eine weitgehende Heranziehung
von barbarischen Wörtern oder sprachwidrige Vermengung und
Verstümmelung von Bestandteilen nebst orthographischen Nach-
lässigkeiten — welche Rückschlüsse alles das auf die allgemeine
Bildung der Herren Taufpathen zu ziehen erlaubt, scheint ihnen
nicht in den Sinn zu kommen, — andererseits tritt dem Unbe-
fangenen in der masslosen Bildung von immer und immer wie-
derkehrenden Huldigungsnamen eine Art Ruhmesversicherung
auf Gegenseitigkeit entgegen, die in der jetzigen Ausdehnung
geradezu abstossend wirkt. Wie wacklig das Untergestell ist,
auf dem die angeblich allein logische und streng durchführbare
Priorität thront, zeigt so manches Beispiel aus den letzten
Jahren. Gar mancher so emphatisch zur alleinigen Verwendung
kommandierte „älteste" Name wurde durch einen ausgegrabenen
noch älteren überholt, und diesem wieder machte ein bisher
vergessener Foliant den Garaus. S. 28, Jahrg. 1897 von REI-
CHENOW's „Ornithologischen Monatsberichten" bietet in dem
Wettrennen der Genusnamen *Cypselus, Micropus, Apus* eine
Stichprobe dafür. —

Zu *Eulota* im engeren Sinne rechne ich folgende 3 Arten:

Eulota sphinctostoma Ad.

(Taf. II, Fig. 47–49. Taf. III, Fig. 50-60.)

Es lagen 9 Exemplare aus *Kamoda-mura* bei *Kōchi* (Shikoku) von KATO gesammelt und eine grössere Anzahl aus *Tokyo*,
endlich mehrere sehr kleine aber reife aus *Kobe* vor.

Der *Bruchsack* beschreibt 4–5 Drehungen. Die Körperlänge beträgt 18–24 mm., wobei die kleineren Masse auf die Stücke von *Tokyo* entfallen; die Sohle ist ungeteilt mit schmalem Saum. Der oben stark gekörnelte Tierkörper ist von schmutzigweisser Farbe, Kopf und Nacken schmutzigblaugrau. Der Eingeweidesack fleischfarben mit zahlreichen blauschwarzen Flecken gezeichnet, welche durch die Schale durchschimmern. Die Tiere aus *Tokyo* haben diese Fleckung nur auf dem eigentlichen Mantel (Fig. 48). Neben dem Atemloch ein mittelgrosser rundlicher Schalen- und ein segelförmiger Nackenlappen.

Die *Retraktoren* entspringen zu gleicher Zeit aus dem Spindelmuskel (Fig. 50) und zeigen grosse Selbständigkeit von einander, nur vom Retr. pharyngis geht halbwegs ein schmaler Streifen zum linken Seitenretraktor.

In der mittellangen Atemhöhle. erblickt man eine kurze, plumpe *Niere* (Fig. 51), die nur die 2½-fache Länge des Pericards hat.

Der *Oesophagus* ist ziemlich kurz, nämlich nur etwa die Hälfte länger als der Pharynx; die *Speicheldrüsen* sind nur hinten verschmolzen. Der 1,8–2,5 mm. breite *Kiefer* ist von robuster Form, von bedeutender Höhe, aber schwacher Krümmung und trägt nur 4–5 Rippen (Fig. 47). Die 75 Längsreihen der *Radula* haben die folgende Gliederung bei den südlichen Exemplaren aus *Kamoda-mura* (Fig. 52):

Die Basalplatte des *Rhachiszahnes* ist sanduhrförmig. Ihr spitziger Mesodont erreicht bei weitem nicht den Hinterrand und trägt 2 kleine stumpfe Seitenzacken in Höhe der stärksten Einschnürung der Basalplatte.

Der 1. *Lateralzahn* ist sehr breit und trägt ausser dem spachtelförmigen Mesodonten einen stumpfen Ektodonten, wäh-

rend eine innere Ausbuchtung des ersteren den Ueberrest des
Entodonten vorstellt. Ungefähr vom 6. Gliede an spitzt sich
die Aussenzacke zu, der Mesodont zeigt schief nach innen und
erreicht mit seiner Schneidespitze beinahe den Hinterrand der
Basalplatte.

Die *Marginalzähne* bilden sich vom 26. bis 27. Längsgliede
an durch Abspaltung des Entodonten von der Hauptspitze,
deren Schneidekante er aber auch in den äussersten Randgliedern
nicht erreicht. Sie überragt den Hinterrand der jetzt quadratischen Basalplatte. In den äussersten Längsreihen treten aus-
wärts vom Ektodonten 1 bis 2 kleine Dentikel auf.

$$37 + 1 + 37 = \frac{C}{3} + \frac{25\ L}{2} + \frac{12\ M}{3-5}.$$

$$C = 0,0342 \text{ mm}.$$
$$L = 0,0456 \text{ mm}.$$
$$M = 0,0399 \text{ mm}.$$

Die Zähne der Exemplare von *Tokyo* haben die gleiche
Form, treten aber in geringerer Anzahl auf, sodass eine Reibeplatte von der folgenden Formel vorhanden ist:

$$30 + 1 + 30 = \frac{C}{3} + \frac{22\ L}{2} + \frac{8\ M}{3-5}.$$

Der Habitus der *Genitalorgane* ist in seinen Grundzügen
derselbe wie bei *E. fruticum* Müll., diesem Fremdling der europäischen Fauna, jedoch treten darin im Einzelnen bemerkenswerte
Abweichungen auf. Der Apparat (Fig. 54 *a*, *b*) beginnt proximal mit einer Zwitterdrüse, bei der die Zerteilung in Lappen
nur eben angedeutet ist. Der anschliessende Zwittergang ist im
mittleren Verlaufe sehr geknäuelt und bildet vor dem Eintritt
in die verhältnissmässig lange Eiweissdrüse jene unter dem

Namen Divertikel gehende Schlinge. Vom mässig geknäuelten
Ovispermatodukt geht ein langes Vas deferens ab, und eine
Strecke tiefer setzt sich an den zum Uterus gewordenen Lei-
tungsweg der mittellange Stiel des Receptaculum seminis an.
Unterhalb desselben vereinigt sich die lange Vagina mit dem
Ausführungsgange des Pfeilapparates. Dieser ist ein Organ-
complex von eigenartigem Bau, und soll deshalb einer näheren
Betrachtung gewürdigt werden.

Nach der Darstellung von SCHUBERTH ('92) besitzt *E. fruticum* einen kugeligen echten Pfeilsack und an seiner Basis einen
leeren Nebenpfeilsack eingelenkt, auf dem die Schleimdrüsen
sitzen. Dabei ist zu beachten, dass dieser accessorische Sack
mit sammt den Drüsenschläuchen oberhalb des functionierenden,
also zwischen diesem und der Vagina liegt. Soweit stimmt sein
Befund mit den meinigen an der hiesigen Schnecke überein.
Was aber die auf seiner Figur mit punctiertem Umriss angedeutete ovale Anschwellung der äusseren Scheidenwand unterhalb
des Pfeilapparates belangt, die von einer Art Schwellgewebe
gebildet wird, so habe ich an den von mir sezierten Exemplaren
äusserlich nichts davon finden können. Der Nachweis gelang
vielmehr nur durch das Microscop. Recht abweichend von dieser
Bauart ist der fragliche Organcomplex bei *E. sphinctostoma* ge-
staltet, so sehr im Uebrigen die Geschlechtsteile beider Species
sich ähneln. Man erblickt nämlich zunächst an der Vagina
eine dicke kugelige Anschwellung; ich nenne sie den *Pfeilsackbulbus* (Fig. 54*a*, *pfb*). Auf sie folgt der weit kleinere eigentliche
Pfeilsack (*pfs*) — ebenfalls von kugeliger Gestalt — und an ihn
schliesst sich nach unten, d. h. der Genitalöffnung zugekehrt,
der zwiebelförmige *Nebenpfeilsack* (*n*). Er trägt distal zwei
mächtige keulenförmige *Schleimdrüsen* (*gm*). Diese sind eigent-

lich in ein Packet durch Bindegewebe und zwar an der Spitze fester, terminal lockerer vereinigt, sodass am conservierten Material gewöhnlich ein Bild wie Fig. 54*b* auftritt, doch sind beide Arme ganz scharf gegen einander abgegrenzt. Ein jeder besteht aus 8–10 fingerförmigen Schläuchen, die ebenfalls distal inniger durch Bindemasse verkittet sind, als an der Gegend der Mündung und die jeder für sich aber in den entsprechenden zwei Gruppen in den Nebenpfeilsack ausmünden.

In dieser Anordnung möchte ich eine sekundäre Erscheinung, nämlich eine engere Vereinigung der „fingerförmigen Drüsen" sehen, wie sie sich bei den Vertretern der Sectionen *Acusta* und *Euhadra* schon mehr oder minder angedeutet findet. Hat doch auch Semper ('70, 231) eine ziemliche Mannigfaltigkeit in der Anzahl der Drüsenpackete bei *E. fruticum* entdeckt.

Das Innere des Pfeilsackapparates zeigt folgenden Bau. Wenn man den Bulbus von unten her, d. h. an der von der Vagina abgekehrten Seite, eröffnet, so trifft man auf ein Lumen, dessen gegenüberliegende Wand mit 8–10 sonderbaren *Wülsten* bekleidet ist (Fig. 55, *w*). Die Länge derselben nimmt von der Mitte nach beiden Seiten zu ab, sodass der ganze Bezirk elliptischen Umriss bekommt. Die Höhe ist verschieden, doch sind die mittleren im Allgemeinen die höchsten. Auf dem Querschnitte (Fig. 56) sind sie im Halbkreise angeordnet; die ihnen gegenüberliegende (untere) Wand des Bulbus (*u*) ist vollkommen glatt. Diese Wülste sind vollständig mit einem Ueberzug von geronnenem Sekret bedeckt, das spröde, hellgelb bis gelbbraun und durchsichtig ist. In der Tiefe zwischen den einzelnen Falten ist es reichlicher abgelagert. Um die Herkunft dieser Absonderung zu erklären, wollen wir uns die histiologische Struktur des Pfeilsackbulbus näher betrachten.

Ein von unten nach oben geführter Schnitt geht zuerst
durch eine derbe aus rechtwinklig und diagonal sich kreuzenden
kernhaltigen *Muskelfasern* gebildete Wand von ansehnlicher
Stärke (*mw*). Sie wird nach oben, gegen das Lumen des Bulbus hin von einer glatten *Epithelschicht* aus hohen, schmalen
Cylinderzellen (*cz*) begrenzt. Nach oben geht diese in ein
Pflasterepithel von *kubischen* Zellen (*ccz*) über, das hier und da
sehr flach wird und die Bedeckung jener grossen Wülste (*w*)
bildet. Die Muskelschicht läuft in einer schmalen Zone ringsum
unter der äusseren Wandung des Organes weiter, wobei sich
Bindesubstanzelemente dazwischen lagern, und sendet dem Anschein nach einen Faserstrang (*mf*) median in jeden Wulst
hinein; es scheint nur jedoch, dass sich unter diesen Muskelsträngen auch Blutgefässe verbergen, was ich bei dem Erhaltungs-
zustande meiner Objecte nicht mit Sicherheit entscheiden kann.
Das eigentliche Stützgewebe der Wülste aber ist ein Haufwerk
dicht gedrängter *einzelliger Drüsen* (*dg*), welches bei schwacher
Vergrösserung wie in Fig. 56 als ein schwammiges Maschengewebe mit zahlreichen schwarzen Punkten erscheint. Stärkere
Linsen zeigen (Fig. 57), dass wir es mit becher- und flaschenför-
migen Schleimdrüsen zu thun haben, die eng aneinander gedrängt
und sich daher öfter gegenseitig deformierend durch den medianen
Muskelfaserstrang (?) in zwei Schichten gruppiert sind. Ihrem
Bau nach bestehen sie aus einer feinen homogenen Tunica,
welche ein körniges Plasma eng umschliesst (Fig. 58). Der grosse
tinctionsfähige Kern liegt entweder in der Nähe des Grundes
jeder Zelle (Fig. 58*a*) oder ist ihm sehr genähert und mit einer
halbmondförmigen Zone dichteren Protoplasmas in Verbindung
(Fig. 58*b*); beide Erscheinungsformen entsprechen den Typen
einzelliger Schleimdrüsen, die man in den älteren grundlegenden

Arbeiten von Leydig und Semper über die Histiologie der Mollusken aufgestellt findet. Die Mehrzahl der Zellen enthält ferner ein rundes stark lichtbrechendes Körperchen, meist in der Mitte des Zellleibes, das bisweilen in ein helles Bläschen eingeschlossen ist (Fig. 58, *a*, *b*). Man bemerkt ferner, dass hie und da eine Schleimdrüsenzelle — meist gehören sie den oberen Partieen an, doch scheinen auch etliche wie in Fig. 57 *n* aus der Tiefe herauszukommen — ihren verlängerten Hals zwischen den Zellen der Epithelschicht hindurch drängen und ihren Inhalt in Gestalt eines Schleimpfropfens entleeren. Solche sezernierende Drüsen liegen besonders am Grunde zwischen den grossen Wülsten (Fig. 56, *x*). Nach allem soeben Besprochenen haben wir also in diesen die Erzeuger jener Secretmassen zu erblicken, welche das Innere des Pfeilsackbulbus überziehen. Was ihr Zweck ist, ob sie am Aufbau des Pfeiles beteiligt sind oder nur seine Ausstossung erleichtern, bleibt dahingestellt. Jedenfalls haben wir in diesem Bulbus ein bisher unbekanntes *eigentümliches* Organ zu erblicken, welches *allein* die ostasiatischen *Eulotae*, und auch von diesen nur einige besitzen.

Der *Pfeil* ist wie der von *E. fruticum* ein kurzes kräftiges Gebilde von geringer Krümmung; die Oberfläche ist mit stumpfen Höckerchen dicht besetzt und das hohle Innere schimmert dunkel durch (Fig. 59).

Der innere Hohlraum des sehr muskulösen *Nebenpfeilsackes* dürfte als Sammelbehälter für den Schleim der fingerförmigen Drüsen oder auch als Expulsionsblase dienen.

Wir haben endlich noch den Bau der *männlichen Geschlechtsorgane* zu betrachten. Die Ansatzstelle des Rückziehmuskels (Fig. 54a, *rp*) bezeichnet den Eintritt des langen Vas deferens in den Penis, der in Epiphallus und eigentliche Rute gesondert in der Mittelpartie etwas erweitert ist und im vordersten Teile, vor dem Eintritt in das Atrium, von einer sehnigen Scheide—SEMPER's Musculus annularis—röhrenartig umschlossen wird (*ps*); der proximale Rand dieser Scheide ist *nicht* an die Aussenwand des Penis geheftet. Das Innere zeigt an jener erweiterten Strecke starke geschlängelte Längswülste, die an der Uebergangsstelle zum Epiphallus convergieren (Fig. 60, *p*). Diese Stelle (Fig. 54, ε) wird durch eine Querreihe von derb anzufühlenden *Läppchen* oder Lamellen gekennzeichnet, die in den inneren Hohlraum vorspringen. Oberhalb von ihnen, d. h. im Epiphallus, ist die Faltenbildung nur ganz schwach (Fig. 60).

Unter den Exemplaren aus *Kamoda-mura* befanden sich zwei, welche in der *Copula* fixiert waren. Beim ,,männlichen'' war die gesammte Geschlechtscloake herausgetülpt (Taf. II, Fig. 48), doch erblickte man vom Penis nur die als feine Spitzchen sichtbaren Enden jener Längswülste seines Lumens. Der mit *go* bezeichnete Punkt ist die, übrigens nicht sichtbare Geschlechtsöffnung, während alles andere, auch der unterhalb jener Spitzen zu sehende stumpfe Kegel, dem umgekrempelten Atrium angehört. Dieses Exemplar enthielt im Epiphallus und in der Vagina unterhalb des Pfeilsackes je einen spindelförmigen und einmal um seine Längsachse gedrehten *Pfropfen* spröden gelbbraunen *Secretes*. Bei dem ,,weiblichen'' fand sich ein gleicher in dem Teile der Scheide oberhalb des Pfeilsackes. Die Annahme, es mit Spermatophoren zu thun zu haben, ist mir unwahrscheinlich, da ich unter dem Microscop keine Spur von Samenfäden aufzufinden vermochte; es scheinen vielmehr bloss Gerinnsel irgend einer höher potenzierten Feuchtigkeit zu sein, die unter der Erregung des Begattungsaktes von den Innenwänden der Geschlechtswege ausgeschieden wurde.

Eulota Sieboldiana Pfr.

(Taf. III, Fig. 61–64.)

Von dem vorliegenden Materiale sind 7 Exemplare aus *Kagoshima*, Provinz *Satsuma* und 5 aus *Nanawo*, Provinz *Noto*. Ihre Fusssohle ist fast 2 cm. lang und undeutlich dreiteilig; der Bruchsack beschreibt 3½–4 Windungen. Bei schmutzigweisser Körperfarbe trägt der Mantel in der Gegend des Pneumatostoms einige verwaschene zimmtbraune Flecken. Die Niere hat die gleiche Form wie die vorige Art und die 2½ fache Länge des Herzbeutels; der Ureter ist breit.

Die Anordnung der *Muskulatur* ähnelt der von *E. sphinctostoma* in dem gemeinsamen Ursprung der Retraktoren, wobei aber das Verbindungsband zwischen dem Rückzieher des Bulbus und dem linken Seitenretraktor beträchtlich länger ist (Fig. 61).

Auch die *Genitalien* weichen nicht vom schon beschriebenen Typus ab, höchstens wäre zu nennen, dass die Zwitterdrüse eine vollkommene Teilung in einzelne Läppchen von rötlich brauner Farbe aufweist, die in einer Reihe hinter einander angeordnet sind (Fig. 62).

Der *Kiefer* (Fig. 63) hat die schon oben beschriebene Form, aber 8 erhabene Rippen, welche oben und unten den Rand zähneln.

Dagegen ist ein Unterschied zwischen den *Reibeplatten* beider Arten in der grösseren Ausbildung der Zahnspitzen zu erblicken. Der Mittelzahn des *Centralgliedes* erreicht nämlich schon beinahe den Hinterrand der Basalplatte, die höckerförmigen Seitenspitzen sind weit vorn angesetzt. Schon das 1. *Lateralglied* streckt den Mesodonten merklich über die Basalplatte hinaus und weist einen Entodonten auf, der beinahe stärker ausgebildet ist als der Entodont, dem doch sonst der Vorrang zukommt. Vielmehr wird dieser erst mit der wachsenden Längsreihenzahl eine echte scharfe Spitze, jener rückt allmählich nach unten (hinten) um im 25. Gliede als Innenzacke von beträchtlicher Grösse die Schneidekante zu erreichen. Hiermit treten die *Marginalzähne* auf, deren Ektodont sich gelegentlich spaltet. Die etwas abweichende Formel hätte demnach zu lauten:

$$38 + 1 + 38 = \frac{C}{3} + \frac{24\ L}{3} + \frac{14\ M}{3-4}$$

Die Masse der einzelnen Arten von Zahnplatten sind

$C = 0{,}0456$ mm.
$L = 0{,}057\text{-}63$ mm.
$M = 0{,}0456$ mm.

Eulota despecta Gray.

(Taf. III, Fig. 65–66.)

Es war nur ein Weichkörper ohne Gehäuse von der Insel *Okinawa* der Liukiu-Gruppe eingesandt. Er zeigt äusserlich eine ungeteilte Sohle, auf dem Schwanzrücken eine eben sichtbare Längsfurche und bei übrigens schmutzigweisser Farbe eine *Zeichnung* des Eingeweidesackes, soweit er erhalten war, aus zahlreichen dunkelbraunen Flecken und Spritzern, die längs des Mantelrandes und auf der Niere zu Binden zusammenfliessen.

Form und Farbe der *Niere* ist die der beiden anderen Arten, die Länge ungefähr die doppelte des Pericards. Auch die *Muskeln* sind genau nach dem schon beschriebenen Typus verbunden.

An den unentwickelten, aber deutlich erkennbaren *Genitalien*
weicht ausser dem sehr langen Stiel der Samentasche nichts von
E. sphinctostoma und *Sieboldiana* ab. Die Schleimdrüsen sind
zwei durch Bindegewebe vereinigte Packete.

Der *Kiefer* zeigt bei etwas stärkerer Krümmung die gedrungene Form der Gattungsverwandten (Fig. 65); auch die
Radula, welche freilich nur an dem einzigen Objekte studiert
werden konnte, ist von der letzteren durch wenig mehr als durch
die geringere Längsreihenzahl verschieden. Am Rhachiszahn
ist die Basalplatte etwas kurz und hinten weit ausgelegt, ihr
Epithem etwas schief nach rechts gerichtet. Entodont und
Mesodont der Randglieder sind sehr stumpf; dem Ektodonten
können sich 1–2 Wucherzacken beigesellen (Fig. 66).

$$32 + 1 + 32 = \frac{C}{3} + \frac{21\,L}{3} + \frac{11\,M}{3-5}$$

$C = 0,0456$ mm.

$L = 0,057$ mm.

$M = 0,0399 - 0,0285$ mm.

Bemerkung. Bei Untersuchung der Lungenhöhle von *E.
despecta* Gray fiel mir der wie geschwollen hervortretende Herzbeutel auf. Als Ursache dieser Erscheinung fand ich beim
Oeffnen darin 7 *Distomeen* von milchweisser Farbe, 1,5–1,7 mm.
Länge und 0,3 Breite, die nicht an seiner Wandung festgesogen
waren. Leider war der Erhaltungszustand einer microscopischen
Untersuchung hinderlich, doch liess sich feststellen, dass die zwei
grossen Längsstämme des Excretionssystemes weit nach hinten
reichten und dass sich zwei Hoden herauszubilden schienen.
Die Würmer schienen demnach im Beginn der Geschlechtsreife

zu stehen. Es wäre das der erste Fall, dass ein Distoma in diesem Zustande ein wirbelloses Tier als Endwirt bewohnte!

Zur Kennzeichnung der Untergattung *Eulota* würden auf Grund meiner Untersuchungen über drei Arten folgende Angaben dienen :

Mantel oder Eingeweidesack mehr oder minder dunkelgefleckt ; die Retraktoren selbständig, nur zwischen Pharynx- und linkem Seitenretraktor ein dünner Verbindungsstrang; Speicheldrüsen blos hinten verschmolzen ; Kiefer gedrungen, wenig gekrümmt, an beiden Rändern gezähnelt, Zahl der Rippen gering; Radula mit dreispitzigem Mittelzahn ; Zwitterdrüse der Genitalien in eine Reihe einzelner Läppchen gegliedert; Samentasche hoch oben an der Scheide angebracht; Pfeilsackapparat zerfällt in drüsigen Bulbus, fungierenden Pfeilsack und Nebensack als Träger der beiden keulenförmigen Schleimdrüsen; Samenleiter lang; Penis ohne Flagellum, mit Epiphallus, Grenze zwischen diesem und dem eigentlichen Penis durch eigentümliches Relief des Inneren angedeutet.

Als Mitglied der nächsten Untergattung würde sich anschliessen die von PILSBRY ('94, 204) unter *Eulota* s. s. gestellte

Acusta laeta Gould.
(Taf. III, Fig. 67–69. Taf. IV, Fig. 70–78.)

Diese stattliche, ihrem Ausseren nach recht an die europäische *Helix pomatia* L. erinnernde Schnecke war in einer Anzahl Exemplare von *Hokkaido*, der grossen Nordinsel des Kaiserreiches vertreten, die uns Westländern besser unter dem Namen *Yesso* bekannt ist.

Das Gehäuse beschreibt 4 Windungen, der Bruchsack deren
3½. Die Länge des Fusses beträgt, 5,5–6 cm., die Sohle zeigt
durch deutliche Trennung der beiden Säume von der locomoto-
rischen Fläche eine Art Dreiteilung in gleichbreite Felder. Auf
dem Nacken findet sich eine verwaschene braune Fleckenzeichnung, auf dem Mantel der Erwachsenen zarte braune Marmorierung, bei einzelnen auch sparsame Flecken von blauschwar-
zer Farbe.

Das *Pneumatostom* (Taf. IV, Fig. 70) hat folgende Gliederung
aufzuweisen. Die Mantellappen in seiner Nähe sind als ein unterhalb belegener dreieckiger Schalenlappen (*sl*) und ein grösserer
linksstehender Nackenlappen (*nl*) vertreten. In der Tiefe erblickt man die Mündung der Lungenhöhle, das Atemloch (*al*),
aus der die Harnrinne (*hr*) schief nach oben steigt, um in der
Nähe des Afters (*a*) zu endigen. Dieser letztere findet seine
Fortsetzung in einer tiefen Furche (*ar*), welche durch ihre hohen
sich sehr nähernden Ränder beinahe verschlossen werden kann
und die Fäces nach der inneren oder Spindelkante des Mantelrandes leitet, wodurch eine Berührung mit dem Atemloche ver-
mieden wird.

Die *Niere* ist von ziemlich gestreckter Form und 3–4 mal.
so lang wie der Herzbeutel, der Ureter deutlich abgesetzt (Taf.
III, Fig. 67). Er verläuft längs des Enddarmes fast bis zum
Mantelrande und setzt sich dort in eine 3 mm. lange Harnrinne
fort, die von zwei hohen Hautfalten gebildet wird. Sie biegt
sich parallel dem inneren, d. h. der Lungenhöhle zugekehrten
Rande des Mantels nach dem *Pneumatostom* hin, verläuft durch
das Atemloch und mündet, wie schon mitgeteilt, neben und
unterhalb des Afters (Fig. 70, *hr*). Der Vorhof des *Herzens* ist
ungefähr doppelt so gross wie der Ventrikel (Fig. 67), ein

Vorkommen, das sich an meinem Materiale öfters fand und wohl eine Folge des Erstickungstodes ist.

Ueber die Verzweigung des *Columellarmuskels* wäre folgendes zu sagen (Fig. 68). Nach Abzweigung des Retractor caudæ (*rc*) trennen sich gesondert die beiden grossen Seitenretraktoren (*rd*, *rs*), treten aber noch einmal auf eine kurze Strecke durch seitliche Faserzüge in Zusammenhang. Mit dem linken bleibt der Pharynxretraktor auf $\frac{1}{3}$ seiner Länge durch einen breiten und mehrere dünne Stränge in Verbindung, zerfällt alsdann halbwegs in die bei den Heliciden übliche Gabelung, wobei dünnere Arme teils nach den Seiten des Schlundkopfes, teils nach seiner Unterfläche verlaufen und dabei die Radulascheide einhüllen (*rph*). Jeder Seitenretraktor entsendet zuerst und oben den grossen Augenträger (*T*), dann einen Muskel, der vorn in den kleinen Tentakel (*t*) und den Rückzieher der Mundpartie (*ro*) zerfällt. Er selbst liegt zuunterst und teilt sich vorn in eine Anzahl Stränge, die in den vordern Teil der Fussmuskulatur verlaufen (*f*). Das ganze Retraktorensystem ist, besonders hinten, von lebhaft messingartigem Glanze.

Sehr schön ausgebildet zeigt sich der selbständige Complex kleiner *Muskelbündel*, welche den *Pharynx* in seiner Gesammtheit in Bewegung setzen. Wir besitzen wenig Genaueres über diesen Apparat bei den Pulmonaten, denn die Mitteilung AMAUDRUT's ('97) befasst sich mehr mit dem Bulbus selbst, und ist bei dem Mangel an Bildern nicht recht verständlich. Zu meiner Fig. 71, Taf. IV sei bemerkt, dass sie den Pharynx in der geöffneten Leibeshöhle nach vorn übergeklappt darstellt, sodass man seine Unterseite erblickt; *o* ist die obere Wand der ersteren, *u* die untere, also die Sohlenmuskulatur. Alsdann setzen sich die Zweige des grossen Retraktors gerade in der Mitte des Pharynx an, und ihre Enden bilden eine scharf bezeichnete Linie. Unter den mittelsten jener Zweige ist die Radulascheide verborgen, was sich durch eine Wölbung derselben kundbar macht (*rs*). An deren Enden stösst links und rechts ein Bündel, das sich schief nach oben zur Mundpartie erstreckt und die Hebung besorgt — levatores pharyngis (*l*). Von den Seiten her treten ferner zwei sehr kräftige Muskeln an die Unterfläche, welche eine Seitwärtsbewegung bewirken (*s*); sie verlaufen unterhalb der Heber und vereinigen sich in einem Punkte. Als Protraktoren finden wir wieder unter den eben genannten zwei vom Munde nach der Ansatzstelle der Retraktoren convergierende keilförmige Stränge (*pr*), die sich mit einem kürzeren, breiten Paare kreuzen (*tr*). Diesen letzteren schreibe ich eine drehende Funktion zu und bemerke noch, dass ihre Fasern durchflochten sind, wie beim Chiasma nerv. opt. der Wirbeltiere. Während jede dieser Muskelgruppen ihren Antagonisten entweder in einer benachbarten oder der eine Strang eines Paares in seinem Gegenüber besitzt, vermissen wir die Gegenwirkung bei den Levatoren; darum vermute ich, dass diese von dem Retractor oris (*ro*), der ja nebst dem kleinen Tentakelmuskel an die Wandung des Mundes dicht an der Mündung des Schlundkopfes geht, besorgt wird. Hiernach finden wir in der Pharynxmuskulatur einen Mechanismus von sehr klarer und wirkungsfähiger Anordnung, der die complicierte Thätigkeit der Nahrungsaufnahme gewiss kräftig erleichtert.

Die *Speicheldrüsen* sind oben fast ganz verschmolzen, ihre langen Ausführungsgänge entsprechen einem gestreckten dünnen *Oesophagus*, von dem der sogenannte *Magen* eine starke Erweiterung bildet. Die Falten, welche sich gewöhnlich im Innern dieser beiden Darmabschnitte vorfinden, sind hier zu hohen

schmalen Leisten entwickelt. Auf eigenartige Bildungen im Pylorus der Heliciden hat GARTENAUER ('75) aufmerksam gemacht;
da der vorliegende Befund von seinen Angaben abweicht, so
sei Folgendes darüber gesagt. In dem geöffneten Pylorusblind-
sack (Fig. 72) münden mit weiter Oeffnung der Gallengang des
grossen unteren und der beiden kleineren Leberlappen (*gg* u.
gk), jener etwas vor diesem. An beide erstrecken sich durch
Vorder- und Mitteldarm mehrere Falten und Wülste, von denen
ein Paar (*f, f₁*) die Leitung des verdauenden Secretes aus dem
grossen Gange in den Mitteldarm zu bewirken scheint. Dass
der kleine Gang seinen Saft in den Vormagen entleert, wie
GARTENAUER meint, ist mir hier nach dem Bau der ganzen
Region nicht wahrscheinlich; vielmehr sieht es aus, als ob die
Absonderungen der kleinen Leberlappen durch die von zwei
dicken Wülsten gebildete feine Rinne *r* ebenfalls nach hinten
flössen. Bei der Gattung *Amphidromus* fand ich ähnliche Verhältnisse ('95). — Das Epithel des Pylorusinnern besteht aus
hohen schmalen Cylinderzellen und flimmert.

Der innig mit dem Pharynx verbundene *Kiefer* ist für die
Grösse des Tieres nicht sonderlich breit, nämlich 1,9–2,3 mm.
und von ziemlich gerader Form. Die 8 Platten der Vorderfläche verleihen dem unteren Rande eine sehr starke Zähnelung
(Taf. III, Fig. 69).

Der Mittelzahn der *Radula* hat eine beinahe sanduhrför-
mige Basalplatte, was durch die stark concaven Seitenkanten
entsteht. Sie wird bei weitem nicht von der Hauptspitze erreicht.
Die kleinen Nebenspitzen stehen in Höhe der seitlichen Ein-
buchtung der Basalplatte. An den Lateralgliedern wird deren
Hinterkante vom Epithem schon beinahe erreicht. Der Ektodont tritt wenig hervor, erreicht vielmehr erst zugleich mit dem

Entodonten seine wirkliche Ausbildung, was in der 21. Längsreihe erzielt ist. Die nunmehrigen Marginalglieder zeigen Zahnspitzen, welche die Basalplatte weit überragen; der Entodont übertrifft den Mesodonten an Grösse, neue Aussenzacken werden nicht bemerkt (Taf. IV, Fig. 73).

$$48 + 1 + 48 = \frac{C}{3} + \frac{20}{2}\frac{L}{} + \frac{28}{3}\frac{M}{}$$

$$C = 0,0399 \text{ mm.}$$
$$L = 0,0456\text{--}513 \text{ mm.}$$
$$M = 0,0399\text{--}450 \text{ mm.}$$

Die Schilderung der *Geschlechtsteile* sei mit der *Zwitterdrüse* begonnen. Sie besitzt die Form eines gefiederten Blattes (Fig. 74, *zd*), besteht aus zwei Reihen drüsiger Trauben, deren jede durch einen kurzen Gang mit dem zwischen beiden Reihen verlaufenden grossen Leitungswege in Verbindung steht. Diese Gestalt ist bezeichnend für die Untergattungen *Acusta* und *Euhadra*. Der mäandrisch verlaufende Zwittergang bildet dicht an der mittellangen Eiweissdrüse ein deutliches Divertikel von dem bekannten Baue. An den vielfach geknäuelten Ei-samenleiter schliesst sich eine lange Scheide (*vag*) an, an die sich halbwegs ein *Receptaculum* mit langem, distal erweiterten Stiel fügt. Tief unten, dicht an der Genitalcloake ist der mächtige, dickwandige *Pfeilsack* angesetzt (*pfs*). Die bedeutende Längenausdehnung führt bisweilen zu Knickungen einer Partie der Aussenwand, wie es in der Abbildung angedeutet ist. In der Nähe des oberen Endes trägt er den viel kleineren *Nebenpfeilsack* (*n*), der, vollkommen von der Form einer Zwiebel, durch einen kurzen, engen Stiel rechtwinklig mit ihm in Verbindung tritt. Am Apex des Nebensackes münden sechs bis zehn grosse *Schleimdrüsen* (*gm*). Diese teilen sich oben fingerförmig in mehrere kurze Aeste und sind *in situ* gänzlich in feines durchscheinendes Bindegewebe eingepackt, dergestalt jedoch, dass sich jede ohne weiteres freilegen lässt; gleiches verbindet sie mit dem Uterus. Ihre Oberfläche ist perlmutterglänzend und höckerig infolge der Zusammensetzung aus zahllosen dicht zusammengedrängten Drüsenschläuchen. Auf Querschnitten zeigt sich eine Schleimdrüse als aus verfilzten kernhaltigen *Muskelfasern* bestehend (Fig. 75, *m*), die hier und da Lacunen (*l*) zwischen sich lassen; auch ist an manchen Stellen *Bindesubstanz* (*bs*) eingesprengt. Die Drüsenschläuche (*ds*) selbst sind von hohen *Cylinderzellen* zusammengesetzt mit runden terminalen Kernen, die ein enges rundes oder verzweigtes Lumen freilassen.

Innerhalb der *männlichen* Genitalien geht das lange Vas deferens in den schmächtigen Epiphallus über; die Grenze zwischen beiden ist durch den Rückziehmuskel angedeutet. Am distalen Ende umgiebt den Penis eine starke sehnige *Penisscheide* (*ps*), deren oberes Ende jedoch ausser Verbindung mit ihm steht. Wir sind dieser Erscheinung schon wiederholt begegnet.

Ueber die Struktur des *Inneren* der Genitalien sei Folgendes bemerkt. Die *Vagina* ist mit zahlreichen gröberen und feineren Längsfalten bedeckt, die öfters Anastomosen eingehen und beim Uebergange in den Uterus dicker werden. Senkrecht auf diesen Falten steht ein System anderer, welche sich in jenem dendritisch · verzweigen. Auch der vordere, dünnwandigere Teil des *Pfeilsackes* ist mit hohen und schmalen Wülsten ausgestattet, die hier und da Verbindungen mit einander eingehen, sodass tiefe kryptenartige Räume zwischen ihnen liegen (Fig. 76, *ft*). Trennt man den oberen Abschnitt des Organes

auf, so trifft man unter der erwähnten dünneren Aussenwand
ein äusserst muskelstarkes *Rohr*, das sich ungefähr durch $\frac{1}{3}$ der
ganzen Länge erstreckt und die eigentliche Erzeugungsstätte
des Pfeiles ist (*r*). Die umhüllende Aussenwand (*w*) ist falten-
los und bildet nach innen ein trichterförmiges *Septum*, die
Grenze gegen den Faltenteil (*ft*) hin.[1] Durchbohrt wird dieses
Septum von einer Verlängerung des erwähnten Rohres, dem
1 mm. langen *Zipfchen z*, welches aus der Geschlechtsöffnung
herausgestülpt werden kann und wie ein Flintenlauf dem vom
muskulösen Teil herausgeschleuderten Geschosse, dem Pfeile
nämlich, Richtung und Bewegungsart verleiht. Das Innere
des Rohres ist mit hohem Cylinderepithel ausgekleidet; in
seiner unteren Partie ist in das Muskelgeflecht ein mächtiges
Polster von Schleimdrüsenzellen mit riesigen, tief sich färbenden
Kernen eingebettet, was ich bei keiner anderen Helicide gefunden
habe ; doch gestattete mir das knappe Material leider keine
weiteren Nachforschungen über Entstehung und Aufgabe dieses Gewebes. — Den Pfeil habe ich nie ausgebildet vorgefunden,
höchstens die Anfänge dazu in Form kalkiger Membranen.

Der *Nebenpfeilsack* hat ebenfalls sehr sehnige Wandungen,
deren Querschnitt weisslich schimmert (Fig. 78, *w*). Innwendig
ist er von einem System gröberer und feinerer Falten und La-
kunen (*f*) erfüllt, die sich unter dem Microscop in ein Maschen-
werk zahlloser Trabekeln auflösen. So bleibt nur ein enger
Kanal (*k*) frei, durch den der Schleim der gesondert, jede für
sich, einmündenden Glandulæ mucosæ passieren kann. Es ist
nur überhaupt zweifelhaft, ob die Auffassung v. IHERING's ('92)
von dem Nebenpfeilsack als einem nicht mehr functionierenden

---

1) Aehnliches beschreibt SCHACKO von *Eulota duplocincta* v. Mts. in Mém. Acad. St. Pét.
T. XXX, p. 56—63.

Organ für die Gattung *Eulota* (im weiteren Sinne) Gültigkeit hat. Lage und innerer Bau scheinen mir mehr auf ein Sammelgefäss des Schleimdrüsensekretes zu deuten, und auch der Muskelreichtum seiner Wandung spricht nicht dagegen, wenn man ihm gleichzeitig die Thätigkeit der Expulsion für jenes zuschreibt.

Auch der *Penis* ist in seinem Inneren mit fein geschlängelten Längsfalten ausgestattet, und oben an der Grenze des Epiphallus sitzt an der Wand eine kurze *Papille*, die als Reizkörper dienen dürfte, wenn die Rute wirklich bis zu diesem Punkte ausgestülpt wird. Durchbohrt ist die Papille übrigens nicht, sodass der Samen seitlich an ihr vorbeigeleitet werden muss (Fig. 77).

Aus den vorstehenden Angaben über den inneren Bau von *Acusta laeta* Gould, zumal die Genitalien, ergeben sich so zahlreiche Besonderheiten, dass es jedenfalls gerechtfertigt ist, sie nicht mit den vorher besprochenen und im Folgenden behandelten Arten von *Eulota* in einen Topf zu werfen, wie man dies bisher auf Grund der Schalenmerkmale und ungenügender Kenntnis der Anatomie that. Wir kommen jetzt zu einer Untergattung, der ein grosser Formenkreis angehört, nämlich *Euhadra* Pilsbry, und behandeln als Beispiel daraus

Euhadra luhuana Amaliæ Kob.

(Taf. IV, Fig. 79–81. Taf. V, Fig. 82–83.)

Von dieser schönen grossen Schnecke habe ich 2 Exemplare aus *Higashiyama* zergliedert.

Die Umdrehungen des Bruchsackes betragen 3,5–4,5. Von den Seiten des Fusses neben dem Mantel bis zur Mundöffnung zieht sich je ein grosser schwarzer Fleck. Die vordere Kante des Mantelrandes ist lederbraun. Aussen auf dem Lungendache befindet sich eine recht in die Augen fallende Zeichnung aus zwei schwarzbraunen Längsbinden bestehend, die bei einem Exemplare nur bis zur Nierenspitze, beim andern aber bis zur Nierenbasis reichen. Beide endigen hammerförmig am Mantelrande (Fig. 79); die untere ist mehr in einzelne Flecke, Tropfen oder kürzere Streifen aufgelöst. Hier wie bei mehreren schon behandelten Arten ist die Zeichnung des Mantels mehr oder minder in der Nähe der grossen Lungenvene belegen — eine Stütze für die Annahme, dass die Verteilung des Pigmentes an den Verlauf der Blutbahnen gebunden sei. Jene Binden liegen genau unter den entsprechenden des Gehäuses.

Die Umgebung des Pneumatostoms ist ganz ähnlich wie bei *Acusta laeta* Gould, nur ist der Schalenlappen bedeutend kürzer. Die Fusssohle ist ungeteilt.

Von den Pallialorganen hat die Niere die 3,5-fache Länge des Pericards; in diesem ist das Atrium breiter als der Ventrikel, — wohl eine Folge des Erstickungstodes.

Am Verdauungstrakte zeigt der *Pharynx* die sogenannten *Hinterbacken* sehr deutlich (Fig. 80, *hb*) und die Radulascheide springt weit und keilförmig zwischen ihnen vor. Seine eigene Muskulatur weicht nur darin von der letztbeschriebenen Art etwas ab, dass sich die Seitwärtszieher zwischen den Fasern der Protraktoren durchschieben. Der schlanke *Oesophagus* ist so lang wie die Strecke vom Magen bis zum Pylorus, die Faltenbildung in diesem genau wie oben beschrieben. Im Gegensatze dazu ist der *Kiefer* halbmondförmig gekrümmt, in der Mitte etwas schmäler als an den Enden; seine Breite beträgt 2,5–3 mm., und 12 mehr oder minder zahnförmig überragende Rippen bedecken die Oberseite (Taf. V, Fig. 82).

Von den untersuchten *Reibeplatten* muss ich annehmen, dass die auffallende Stumpfheit ihrer Zahnspitzen und die Armut an Nebenspitzen aus starker Abnutzung herrührt. Letztere findet sich freilich auch bei anderen Subspecies von *E. luhuana*.

Der *Mittelzahn* (Taf. IV, Fig. 81, *C*) besitzt nur eine stumpfe rundliche Mittelspitze, deren Seitenkanten beim Uebergang in das Epithem etwas eingezogen sind.

Die *Lateralzähne* tragen einen kurzen schaufelförmigen Mesodonten, der, wie beim Centralgliede, den Hinterrand der Basalplatte nicht erreicht. Erst in der 13.–15. Längsreihe finden sich durch kleine seitliche Höckerchen die Seitenzacken vorgebildet, welche endlich in der 16.–17. Reihe als ein grosser hakenförmiger Ento- und ein kleiner stumpfspitziger Ektodont die *Marginalzähne* entstehen lassen. Innerhalb dieser erreicht der Entodont sehr bald die Schneide, während jener weit vorn bleibt und nur in den äussersten Randgliedern sich etwas mehr nach hinten erstreckt. Beide centraden Spitzen schieben sich schief nach innen, wobei sie über den Hinterrand der Basalplatte hinausragen und die Nachbarplatte teilweise decken.

Formel: $40 + 1 + 40 = \dfrac{C}{1} + \dfrac{16\,L}{1} + \dfrac{24\,M}{3}$

$C = 0,0456$ mm.
$L_1 = 0,0027$ mm.
$L_{15} = 0,0027$ mm.
$M_{35} = 0,0570$ mm.

Unsere Mitteilungen über die *Geschlechtsorgane* können wir kurz fassen, da sie nach demselben Plane gebaut sind wie die von *Acusta laeta*. Die Zwitterdrüse hat den gleichen eigenartigen Bau, die Eiweissdrüse ist lang gestreckt. Das eine untersuchte Individuum hatte zahlreiche *Eier* im Uterus, der davon stark ausgedehnt und dünnwandig war (Taf. V, Fig. 83). Die *Eier* besassen harte Kalkschale von Kugelform und massen 3 mm. Dass der Pfeilsackapparat so klein ist, wird davon herrühren, dass er sich nach erfolgter Copula stark rückgebildet hat, demzufolge auch kein Pfeil gefunden wurde. Sein Bau ist der bereits beschriebene; eine zwischen dem Muskelgewebe eingelagerte Pigmentschicht verleiht ihm eine schwärzliche Farbe. Neu ist ein *Flagellum*, und das relativ kurze Vas deferens erlaubt dem langen Penis keine völlige Ausstreckung. Auch *fehlt* dem letzteren die Reizpapille im Innern.

Euhadra luhuana peliomphala (Pfr.)

(Taf. IV, Fig. 78*a*.)

Diese Subspecies unterscheidet sich in den aus *Tokyo* herrührenden Tieren äusserlich recht wohl von der vorhergehenden. Es zieht sich nämlich auf der Niere nur eine schmale unterbrochene Längsbinde bis zum Mantelrande hin (Taf. IV, Fig. 78*a*). Nacken und Rumpfseiten sind rötlichbraun, und auf dem Nacken junger Exemplare findet sich eine scharfe schwarze Längslinie, fast 1 mm. breit, die den erwachsenen merkwürdiger Weise ganz fehlt.

Die Fusssohle ist 2,5—3 cm. lang, ungeteilt mit breitem Saum; der Eingeweidesack macht 3 Drehungen; neben dem Pneumatostom finden sich zwei kleine dreieckige Schalen- und ein schief nach der Spindel sich ziehender Nackenlappen.

Die schmale Niere ist 3½—mal so gross wie der Herzbeutel.

Körpermuskulatur und Verdauungskanal weichen nicht ab.
Der Kiefer trägt jedoch nur 8 Platten und ist 3,3 mm. gross.
Die untersuchten Raspeln waren weniger abgenutzt als die von
E. l. amaliae und die Zahl der Längsreihen geringer, auch tritt an
den Randgliedern ein Paradont auf. Die Zusammensetzung ist

$$35 + 1 + 35 = \frac{C}{1} + \frac{15\,L}{1} + \frac{20\,M}{3-4}$$

Von den Genitalien hat bereits SEMPER eine Abbildung
gegeben ('70, Taf. XV, Fig. 23), ohne im Texte einen Hinweis
darauf zu geben. Dabei ist die Zwitterdrüse als kompakt dar-
gestellt, jedenfalls infolge flüchtiger Untersuchung. Ferner sind
darin die Verhältnisse der einzelnen Abschnitte des Pfeilapparates nicht klar; übereinstimmend mit meinen eigenen Befunden
ist die im Vergleich mit *Acusta laeta* bedeutende Kürze der
fingerförmigen Drüsen, die also bei *E. l. amaliae* ebenfalls das
Normale vorstellt. Sie sind untereinander und mit der Scheide
ziemlich innig durch Bindegewebe verbunden. Auch hier ist der
Penis sehr lang, der Samenleiter kurz; vgl. die angezogene Figur.
Bei dem einzigen geschlechtsreifen Individuum war die Genitalcloake mitsammt dem zapfenförmigen Vorderteile des Pfeilsackes
herausgestülpt. PILSBRY hat eine *Epiphragmophora Nickliniana*
Lea in diesem Zustande abgebildet ('94, Taf. 59, Fig. 76).

Euhadra luhuana nipponensis Kob.

war in 6 Exemplaren aus *Miyakosima,*[*] Provinz *Jôshū* übersendet.
Die Zeichnung des Mantels ist bei dieser Abart von *E. luhuana*
auf dem Lungendache ganz fortgefallen, am Mantelrande findet

---

[*] Die Existenz einer Localität mit diesem Namen in der genannten Provinz ist mir
zweifelhaft. Möglicherweise liegt hier ein Versehen in der Etiquettirung vor uns.—IJIMA.

sie sich dagegen und zwar auf seinem äusseren Teile, soweit er
dem Fusse nicht aufliegt, in Form einer ringsherumlaufenden
breiten blauschwarzen Binde, die sich um das Pneumatostom
herum verbreitert und bisweilen eine kurze Unterbrechung er-
leidet. Auch Nacken und Flanken sind blauschwarz pigmentiert.

Der Bruchsack macht 4 Umgänge. Im Lungendache und
im Epiphragma sind kleine Einlagerungen von *Conchin*,[1] wie ich
sie häufig bei zwei Arten von *Amphidromus* fand ('95, 295)

Die inneren Teile zeigen nichts von dem schon beschriebenen Abweichendes.

Die jetzt folgenden Sectionen von *Eulota* besitzen keinen
Nebenpfeilsack und anders gebildete Schleimdrüsen. Am engsten
schliesst sich dem inneren Baue nach *Plectotropis* Mts. an und
zwar

Plectotropis Mackensii (Ad. et Reeve).

(Taf. V, Fig. 84–86.)

Obwohl eine Menge Schalen der stattlichen Schnecke eingesendet waren, befand sich dabei nur ein Spiritusexemplar und
dies dazu noch nicht geschlechtsreif. Da jedoch die Anatomie
der Varietät *vulvivaga* Schm. et Bttgr. durch PILSBRY ('94, 208,
Taf. 65) bekannt ist, so wird dieser Mangel weniger fühlbar.

Das Exemplar von *Nikko* besitzt eine Schale von 12 mm.
Diameter und 5 Windungen, mit starkem Borstenbesatz auf dem
Kiele. Die Form des letzteren prägt sich auch dem Weichkörper in Gestalt einer stumpfen Längskante auf. Die Oberfläche des Mantels trägt eine hübsche *Zeichnung* von parallelen

---

1) So schreibe ich nach SIMROTH in Bronns Klassen und Ordnungen III.

dunklen Querstreifen, die sich nach unten bis zu jener Längskante erstrecken, unterhalb deren aber durch Flecken ersetzt
sind (Taf. V, Fig. 84). Terminad von der Nierenbasis machen
die Streifen überhaupt den Flecken Platz. Eine ganz ähnliche
„Tigerzeichnung" beschreibt WIEGMANN ('93, 160, 166) von *P.
sumatrana* v. Mts. und *P. rotatoria* Busch. Da auch die sehr
nahe verwandte *Aegista kobensis* Schm. et Bttgr. eine solche
besitzt, so darf sie wohl als bezeichnend für die ganze Untergattung gelten. Auch die Eigenschaft ist ein solches Merkmal,
dass der Fuss wegen der Kürze des hinteren Teiles vollständig
in den Mantel zurückgezogen werden kann, also äusserlich ganz
unsichtbar wird.

An die Sectionen *Acusta* und *Euhadra* anschliessend ist
der *Spindelmuskel* in der Art verzweigt, dass die beiden
grossen Retraktoren ein Stück mit einander verbunden sind,
desgleichen der linke mit dem Rückzieher des Pharynx (vgl.
Taf. V, Fig. 87, *Aegista kobensis*, und WIEGMANN Taf. XII,
Fig. 5).

Die Niere ist ziemlich schmal und von der dreifachen Länge
des Pericardes. Der sanft gekrümmte *Kiefer* trägt ca. 10, den
Rand kaum überragende Platten (Fig. 85).

Als Kennzeichnung der *Radula* mag die geringe Anzahl
ihrer Längsreichen — 25 — dienen. Ihr Centralzahn hat eine
schmale keilförmige Hauptspitze (Fig. 86), welche den Hinterrand ihrer Platte erreicht, und oben zwei seitliche Ausbuchtungen, die man nicht als Seitenspitzen bezeichnen kann. Die
Lateralzähne haben lange Mesodonten, welche genau parallel zur
Längsaxe der Raspel stehen, und weit vorn einen Ektodonten.
Vom 16. Gliede ab spaltet sich die Mittelspitze, und der
neue Entodont rückt allmählich abwärts, bis er in den äussersten

dieser Randglieder eben die Schneidekante erreicht; ebenso
ist dort die Aussenspitze oft gespalten.

$$2.5 + 1 + 2.5 = \frac{C}{1} + \frac{1.5\,L}{2} + \frac{10\,M}{3-4}$$

$$L = 0,030 \text{ mm.}$$
$$C = 0,035 \text{ mm.}$$
$$M = 0,029 \text{ mm.}$$

Aegista kobensis Schm. et Bttgr.

(Taf. V, Fig. 87–90.)

Wenn ich diese Art unter eine besondere Untergattung reihe,
so folge ich dabei nur dem Vorgange der Schalenkundigen, die
freilich auch das Vorhandensein von Uebergängen in den Gehäusen zu Plectotropis unberücksichtigt lassen — die Anatomie
vermag keinerlei Unterschiede aufzuweisen!

Die Schnecke stammte aus *Nidoyama* bei *Kobe* und zwar in
8 Exemplaren. Auch bei diesen ist der Fuss ganz im Mantel
verborgen. Die Körperfarbe ist weisslich, auf dem Mantel zeigt
sich die schon bekannte Querstreifung, aber von blassbrauner
Farbe und wenig auffallend; die Fleckchen fehlen.

Ueber den Aufbau der Körpermuskulatur verweise ich auf
die vorhergehende Art (Fig. 87). Der Kiefer ist etwas mehr
gekrümmt und mit breiteren Platten versehen, die ebenfalls den
Rand kaum überragen (Fig. 88); 1,2 mm. breit.

Ein Vergleich der *Genitalien* (Fig. 90) mit denen von *Plecto-*
tropis Mackensii vulvivaga (PILSBRY, Taf. 66, Fig. 33) erweist die
äusserst nahe Verwandtschaft beider Sectionen. Unsere Species
besitzt eine traubig zerteilte Zwitterdrüse, die sich demselben
Organe von *Acusta* und *Euhadra* damit anschliesst, obgleich ihr

deren regelmässige Anordnung mangelt, und einen auffallend dicken, stark geknäuelten Zwittergang. Die Eiweissdrüse ist sehr lang; ebenso der Stiel der Samentasche, der dem Spermovidukte anliegt. Tief unten ist der cylindrische Pfeilsack angesetzt, der apical ohne Vermittlung eines Nebensackes die zwei langen, oben in einzelne platte „Finger" zerteilten Schleimdrüsen aufnimmt. Diese Finger sind locker durch Bindegewebe verbunden und solches spannt sich auch zwischen Pfeilsack und Vagina aus. Der Pfeil hat die gekrümmte Form, welche PILSBRY, Taf. 66, Fig. 34, von *P. vulvivaga* angiebt, und ist im oberen Teile hohl. An dem langen Penis lässt sich ein Epiphallus unterscheiden, während die Penisscheide fehlt; ein Stück über dem Retraktor sitzt ein kurzes kräftiges Flagellum.

Endlich haben wir noch die *Reibeplatte* zu erwähnen (Fig. 89). Bei der gleichen parallelen Richtung haben die Zahnspitzen ganz ähnliche Form wie die der letzten Art, doch sind sie etwas kürzer, und die Basalplatte des Centralzahnes ist vorne eigentümlich ausgeschweift. An den Marginalgliedern ist die Spaltung des Ektodonten selten. Die etwas anders gegliederte Formel heisst

$$31 + 1 + 31 = \frac{C}{1} + \frac{12\ L}{2} + \frac{19\ M}{3-4}.$$

$C = 0.023$ mm.

$L = 0.0209$ mm.

$M = 0.025 - 0.021$ mm.

Im Folgenden behandle ich zwei Arten, denen der Mangel eines Nebenpfeilsackes und die Anordnung der Schleimdrüsen einen Platz hinter *Plectotropis* und *Aegista* anweisen, während

alle übrigen Merkmale sie in die Nachbarschaft von *Eulota* s.
str. und zwar noch vor diese stellen. Zu diesem Verfahren
giebt mir Anlass, dass wir über die Anatomie zahlreicher Arten
wie ganzer Sectionen der grossen Sammelgattung *Eulota* (im
Sinne PILSBRY's) gar nicht oder nur ungenügend unterrichtet
sind, und sich deshalb kein klares Urteil über die wirklichen
Verwandtschaftsbeziehungen der einzelnen Sectionen zu einander
fällen lässt. Jedenfalls habe ich die Einsicht gewonnen, dass
die von jenem Forscher vorgenommene Gruppierung der Species
die Verhältnisse des inneren Baues zu gering schätzt, und eine
Verteilung in mehr als eine Gattung, nicht blos Untergattung
durch die zahlreichen zwar geringen aber beständigen Unterschiede desselben rechtfertigt. Demgemäss stelle ich die zwei
nächsten Formen unter *Eulotella* Mousson (?) und behandle als
Typus davon die wanderfrohe

Eulotella similaris (Fér.)

(Taf. V, Fig. 91-94. Taf. VI, Fig. 99.)

Mir standen von der nahezu kosmopolitischen Schnecke
12 Stücke von der Insel *Chichishima* der *Bonin*-Gruppe, gesammelt von HIROTA und SEKIGUCHI zur Verfügung.

Der Eingeweidesack macht nur 3 Windungen und ist mit
sparsamen braunen Flecken gezeichnet. An der Fusssohle heben
sich die Säume scharf von der ebenso breiten eigentlichen Kriech-
sohle ab. Die längliche Niere ist 3,5 mal so lang wie das
Pericard, übrigens an Basis und Spitze fast gleich breit. Das
Atrium der untersuchten Exemplare war ungewöhnlich gross,
nämlich ca. dreimal so viel wie der Ventrikel und von kugeliger
Form.

An der *Muskulatur* (Fig. 91) ist die Aehnlichkeit mit der früher beschriebenen *Eulota sphinctostoma* und Verwandten unverkennbar. Es ist eine kurze Verbindung zwischen dem Retractor caudæ (*rc*) und dem rechten Seitenretraktor vorhanden (vgl. Taf. III, Fig. 61); im Uebrigen sind die grossen Muskelstränge von Anfang an getrennt, nur zwischen linkem Seiten- und Pharynxretraktor zieht sich weit vorn ein schmales Bändchen (*b*), was wir ebenfalls bei jenen Formen wiederfinden.

Die Speicheldrüsen sind ziemlich ganz verschmolzen und die Speiseröhre von der dreifachen Länge des Pharynx; der Kiefer (Fig. 91a) ist 1,3 mm. breit, stark gekrümmt und mit nur 5 bis 7 breiten Platten bedeckt.

Die *Radula* weist vielfache Aehnlichkeiten mit den *Eulota*-arten auf, wie aus den folgenden Angaben ersichtlich werden dürfte.

Der *Centralzahn* (Fig. 92, *C*) hat eine lanzettförmige Hauptspitze, die den Hinterrand der Grundplatte nicht erreicht. Die Seitenspitzen sind nur durch zwei Ausbuchtungen angedeutet.

Dagegen überschneidet bereits der 1. *Lateralzahn* die Basalplatte, sein Ektodont ist nur höckerförmig, hat aber bis zum 14. Gliede ungefähr die endliche Grösse erreicht. Schon in der nächsten (15.) Längsreihe spaltet sich vom Mesodonten der Entodont ab. Anfangs kürzer als jener, erreicht er bald die Schneidekante; er spaltet sich nur selten und unregelmässig in zwei Zacken.

Das Gemeinsame mit *Eulota* s. str. besteht einerseits in der zuerst perpendiculären, dann schief nach innen sich kundgebenden Richtung der Spitzen in den Lateralgliedern, anderseits in der eigentümlichen halsartigen Einschnürung des Epithems der Marginalzähne beim Uebergange in die Basalplatte, wie ich

dies von keiner anderen Helicide kenne (Taf. III, Fig. 64, 66.
Taf. V, Fig. 92).

$$38 + 1 + 38 = \frac{C}{1} + \frac{14\,L}{2} + \frac{24\,M}{3\text{-}4}$$

$C = 0,0285$ mm.

$L = 0,0342\text{-}0,0399$ mm.

$M = 0,0228$ mm.

Von den *Genitalien* haben SEMPER ('70, Taf. XIV, Fig.
17) und PILSBRY ('94, Taf. 66, Fig. 20) Abbildungen gegeben ;
ich kann mich daher auf wenige Bemerkungen beschränken.
Die Zwitterdrüse (Fig. 93, zd) ist aus Drüsenträubchen, die in
einer Reihe hintereinander geordnet sind, aufgebaut, ganz wie
Eulota Sieboldiana. Der lange, tief unten angesetzte Pfeilsack
hat halbwegs eine Einschnürung oder Knickung. Die beiden
Drüsenschläuche sind oben stark geknäuelt und in einzelne
Läppchen zerteilt. Dass sie, wie v. IHERING angiebt ('92, 478)
sich mit ihren Ausführungsgängen zu einem kurzen gemeinsamen
Endstücke vereinen, habe ich bei manchen Exemplaren nicht
bestätigt gefunden (Fig. 93), vielmehr mündet jeder Teil für sich
in die weibliche Anhangsdrüse; andere wieder zeigten jenes Verhältnis (Taf. VI, Fig. 99). Der Pfeil ähnelt in der geraden,
cylindrischen Form dem von *E. sphinctostoma*, wie er auch hohl
ist; jedoch ist seine Oberfläche wohl uneben, aber nicht mit
Stacheln bedeckt. Auch der Penis ist dem jener Art zum Ver-
wechseln ähnlich — er besitzt eine sehnige Penisscheide, der
Retraktor inseriert sich wie dort genau an der Uebergangsstelle
des langen feinen Vas deferens in den Epiphallus.

An einem der vorliegenden Individuen war die *Genitalcloake* herausgestülpt (Fig. 94) und zwar jedenfalls kurz vor

oder nach Entsendung des Liebespfeiles. Die Spitze des fleischi-
gen und an zwei Stellen etwas eingeknickten Kegels bildet ein
kurzes Röhrchen, in dem man eine feine Durchbohrung erkennt
(*z*). Dies ist der vorderste Teil jenes schon bei *Acusta laeta*
beschriebenen Zäpfchens im Innern des Pfeilsackes, welches also
augenscheinlich dem Geschoss seine Richtung angiebt. Der mit
wgö bezeichnete Punkt ist die weibliche Geschlechtsöffnung, die
männliche dagegen liegt, hier unsichtbar, auf der Unterseite
des verengerten Teiles der ganzen Masse. Vgl. *Eulota luhuana
peliomphala* p. 55.

Eulotella Primeana Crosse

(Taf. V, Fig. 95–98)

ist eine halbverschollene Schnecke, deren Existenz und Herkunft
erst wieder durch meinen Mitarbeiter HERRN EHRMANN sicher-
gestellt worden ist. Wir hatten davon zur äusseren und inneren
Untersuchung nur 2 Exemplare und zwar von *Okinawa-shima*
der *Liukiu*-Gruppe. Glücklicherweise gelang es die Weichteile
fast unverletzt zu gewinnen, ohne die kostbaren Gehäuse zu
beschädigen.

Der Fuss ist 17 mm. lang, schmutzig graugelb, mit ungeteilter Sohle. Auf dem 3,5 mal sich windenden Eingeweidesacke
finden sich im Bezirke der Atemhöhle zahllose schwarze Fleckchen und Spritzer, die am Spindelrande zu einzelnen grossen
Flecken zusammenfliessen, zu beiden Seiten der Lungenvene und
der Niere aber eine deutliche Längsreihe bilden. Vereinzelte
grössere Kleckse sind auf der Spirale bis in ihre Spitze verteilt
(Fig. 95).

Die Innenfläche der mässig langen Lungenhöhle ist schiefer-
blau, die Niere schmal und nur 3 mal so lang wie der Herzbeutel.

Die *Muskulatur* ähnelt, wie schon erwähnt, ganz und gar derjenigen von *E. similaris*, zumal in der losen Verbindung des sehr
kräftigen Retractor pharyngis mit dem linken Seitenretraktor.

Wie bei jener ist auch der Oesophagus mittellang, die
Speicheldrüsen ganz verschmolzen, der *Kiefer* aber stärker gezähnelt, 2,1 mm. breit und mit 8–9 sehr erhabenen Rippen
bedeckt.

Die *Radula* (Fig. 97) zeigt ebenfalls den gleichen Aufbau
mit gringen Abweichungen. So ist z. B. die Basalplatte des
Mittelzahnes hinten sehr breit ausgeschweift, und die seitlichen
Höcker des Epithems sind soweit ausgebildet, dass man ihnen
den Wert von Nebenspitzen zuteilen darf. Die Spitzen der
Seitenzähne sind kürzer und plumper als bei der vorigen Art,
aber die Ausbildung des Entodonten verläuft genau wie bei
dieser. In den Randgliedern überragt die Innenspitze vollends
den Mesodonten und spaltet sich hier und da sogar in zwei Spitzen, ein seltenes Vorkommen bei Heliciden. Auch der Ektodont bekommt 2–3 Nebenzacken in den Aussengliedern. Die
bei *E. similaris* gekennzeichnete Form des Epithems in den
Lateral- und Marginalzähnen kehrt hier ebenfalls wieder.

$$33 + 1 + 33 = \frac{C}{3} + \frac{14\,L}{2} + \frac{19\,M}{3-6}$$

$$C = 0{,}0342 \text{ mm.}$$
$$L = 0{,}0456 \text{ mm.}$$
$$M = 0{,}0399 \text{ mm.}$$

Genitalapparat (Fig. 98): Da wegen Schonung der Schalen
der oberste Teil des Weichkörpers nicht ans Licht gebracht

werden konnte, so weiss ich über die Form der Zwitterdrüse
nichts anzugeben. Im Uebrigen schliesst sich aber der Organcomplex vollkommen an die Vorgängerin an, und insbesondere
der Bau des männlichen Teiles weist einleuchtend auf die nahe
Beziehung zu den Arten von *Eulota* im engeren Sinne hin.

—· ————

Wenn ich die letzten hier zu besprechenden Heliciden unter
einem neuen Gattungsnamen vereinige, so thue ich dies, weil
sie ein wichtiges Organ, den Pfeilsack, in einer gewissen Anzahl
besitzen, die innerhalb der Familie bisher noch nicht festgestellt
worden ist. Die betreffenden haben nämlich *einen* wahren und
zwei verkümmerte oder Nebenpfeilsäcke, während nach v. IHE-
RING ('92, 413) nur Arten mit vier, zwei oder einem Pfeilsack
bekannt sind. Sind vier vorhanden, so bergen zwei davon Pfeile,
die beiden andern sind leer. Die Verminderung geht dann immer paarweise vor sich, bis zuletzt nur einer übrig bleibt, der
bekanntlich auch noch schwinden kann. Ein Fall aber, dass
zu einem grossen functionsfähigen Sack noch zwei Nebensäcke
gehörten, ist erst in dem jetzt näher zu erörtenden gegeben.
Ich halte diese Thatsache neben anderen Eigentümlichkeiten im
morphologischen Sinne für wichtig genug, um sie zur Begrün-
dung einer neuen Gattung zu verwerten, die ich *Trishoplita*
nenne. Dazu gehören aus dem mir anvertrauten Materiale drei
Arten, deren erste bisher unbenannt war; es ist dies

Trishoplita pallens Ehrm.

(Taf. VI, Fig. 100–105.)

Das zierliche Mollusk war in 8 Exemplaren von *Kamoda-
mura*, Provinz *Tosa* vertreten.

Die 5 Windungen machende, sehr harte Schale enthält einen Bruchsack, der eben soviel Umgänge macht, der Fuss ist rein weiss, 1,7-2 cm. lang, mit ungeteilter Sohle.

Die sehr gestreckte Lungenhöhle besitzt nicht weniger als die dreifache Länge der Niere; diese, schmal bandförmig, ist viermal so lang wie das Pericard.

Das *Muskelsystem* ist in sofern eigentümlich zusammengesetzt, als die beiden grossen Seitenretraktoren (Taf. VI, Fig. 100, *rs, rd*) bis über die Hälfte ihrer Gesammtlänge hinaus verwachsen, nur auf der Unterseite durch eine Linie undeutlich getrennt sind. Noch etwas hinter, d. h. distal, von dem Trennungspunkte zweigt sich erst der Rückzieher des Pharynx ab.

Der Pharynx hat hinten eine stark hervortretende und etwas nach oben gebogene *Radulascheide*. An ihn schliesst sich ein mässig langer Oesophagus mit Speicheldrüsen ohne deutliche Trennung und der äusserst' lange Vorderdarm. Der innere Bau des *Pylorusteiles* (Fig. 101) ergiebt Verschiedenheiten von den bisher beobachteten Verhältnissen (vergl. Taf. IV, Fig. 72) insofern, als eine Leitung des hepatopancreatischen Secretes in den Vorderdarm aus der Oeffnung des kleinen Gallenganges durch die Anordnung der von dieser ausgehenden Falten möglich erscheint. Auch hier ist der nach hinten verlaufende grosse Wurst mit einer feinen Rinne versehen.

An dem bedeutend gekrümmten *Kiefer* springen die mittelsten der 12 flachen Rippen am unteren Rande vor, sodass ein stumpfer Zahn entsteht; die übrigen überragen die Ränder nicht (Fig. 102).

In der *Radula* (Fig. 103) fallen die Basalplatten aller Glieder durch ihre wenig gegliederten, fast rechtekigen Umrisse auf. Insbesondere die des *Centralzahnes* stellt ein langes Oblongum mit nur wenig einspringenden Seitenkanten vor, dessen Hinterkante von dem kurzen, stumpfen Mesodonten längst nicht erreicht wird. Nebenspitzen fehlen gänzlich.

Die *Lateralzähne* haben eine ganz wenig gekrümmte Basalplatte mit kurzer schaufelförmiger Mittelspitze und einem winzigen Ektodonten. Die Richtung des Epithems geht mit der zunehmenden Längsreihenzahl schief nach innen, sodass bald die Spitze über die Seitenkante hinaustritt, auch schreitet die Ausbildung des Ektodonten fort. In der 16. Reihe spaltet der Mesodont einen Entodonten von bedeutender Grösse ab, der sonderbarerweise *von der Basalplatte des Nachbargliedes überdeckt wird;* er erreicht übrigens die Schneidekante. Schon gelegentlich vom 21., meist aber vom 25. Gliede dieser *Marginalzähne* ab erscheint nach aussen vom Ektodonten eine Wucherzacke. Doch wechseln nach dem Rande zu diese vierspitzigen Marginalzähne mit den dreispitzigen unregelmässig ab.

$$35 + 1 + 35 = \frac{C}{1} + \frac{15\,L}{2} + \frac{20\,M}{3\text{-}4}$$

$C = 0{,}0228$ mm.

$L_1 = 0{,}0285$ mm.

$L_{10} = 0{,}0313$ mm.

$M_{25} = 0{,}0228$ mm.

Am *Geschlechtsapparate* finden wir in der Zusammensetzung der Zwitterdrüse (Fig. 104, *zd*) aus einer Reihe von Drüsenläppchen bereits bekannte Verhältnisse wiederkehren; ihr Gang hat am Ende seines mäandrischen Verlaufes ein Divertikel, das mit der recht kleinen Eiweissdrüse nicht in der engen Nachbarschaft steht, wie man dies sonst findet. Der vielfach geknickte Spermovidukt geht in eine lange schmächtige Scheide über und diese mündet in den untersten Abschnitt des *Pfeil-sackes* (*pfs*) ein, denn so muss ich die im Bilde wiedergegebenen Thatsachen ausdrücken, wenngleich wir gewöhnt sind, den Pfeilsack als ein accessorisches Anhangsorgan der Vagina vorzufinden. Dann würde gewissermassen jener in seinem unteren, dünn wandigeren Teile die Thätigkeit der letzteren zu übernehmen haben. Er selbst ist ein grosses muskelkräftiges Organ. Ungefähr in seiner Mitte trägt er die schon erwähnten kleinen *Nebenpfeilsäcke* (*n*), zwei zapfenförmige Gebilde, deren Bau ganz der echter weiblicher Anhangsdrüsen mit Muskelwand und feinem Lumen ist, die ich aber stets leer gefunden habe. Zwischen ihnen inserieren sich die beiden grossen *Schleimdrüsen* (*gm*), die in der Vereinigung mehrerer Packen von drüsigen Lappen in je einen gemeinschaftlichen Ausführungsgang sich an *Eulotella* anschliessen. Der Pfeilsack mündet ganz vorn in dem Genitalatrium in Form eines niedrigen Kegels mit centraler Oeffnung. Auch der *Pfeil* selbst (Fig. 105a) ist eigentümlich gebaut. Er ist lang und fein (Länge ca. 8 mm.), säbelförmig gekrümmt, seitlich mit zwei scharfen *Schneiden* versehen und bis gegen die Spitze hin hohl. Bei starker Vergrösserung zeigt sich, dass die Kante der Schneiden dicht mit rückwärtsgekrümmten *Häkchen* (Fig. 105b) von 0,023 mm. Länge besetzt ist. Diese Bewaffnung dürfte es dem getroffenen Individuum unmöglich machen, den Pfeil durch Muskeldruck wieder rückwärts herauszupressen, es müsste denn eine völlige Durchbohrung stattgefunden haben, so dass die Spitze auf der anderen Seite hervorsah. — Der Pfeil besteht aus einem *Maschengewebe* von organischer Herkunft, vielleicht Conchin, und darin ist kohlensaurerkalk abgelagert, sodass bei Behandlung mit verdünnter Salzsäure dieser gelöst, die ganze Form des Gebildes mitsammt dem Häkchen erhalten bleibt.

Der *Penis* beginnt an der Einmündungstelle des Samenleiters mit einem sehr kräftigen *Flagellum*, an das sich der Epiphallus schliesst. Dieser ist vom eigentlichen Penis äusserlich
durch seine Weite wenig unterschieden, aber doch gut abgegrenzt
durch eine kropfartige *Anschwellung* unterhalb der Ansatzstelle
des feinen Retraktors (in Figur 104 durch * angedeutet), welcher
im Innern eine eichelförmige · kräftige und, soviel ich sehen
konnte, der Länge nach durchbohrte *Papille* entspricht. Der
Penis ist in seinem untersten Abschnitte von einer sehnigen,
proximal freiliegenden *Scheide* (*ps*) umgeben und mündet in ein
ziemlich langes und enges *Genitalatrium* (*ga*).

Trishoplita Goodwini Smith

war in 4 Exemplaren von *Gifu* in der Provinz *Mino* und in
zahlreichen von *Nidoyama* bei *Kobe* vertreten.

Während die Schale 6 Windungen beschreibt, macht der
Weichkörper nur 4 Umgänge. Das Lungendach ist mit sparsamen braunen Fleckchen geziert. Ich zeichnete noch auf, dass
die Niere die dreifache Länge des Pericards besitzt und dass
die dem kurzen Oesophagus aufliegenden Speicheldrüsen oben
ganz mit einander verschmolzen sind. Muskulatur und Genitalien sind ganz wie bei der vorhergehenden Art gebaut. Die
Radula hat folgende Formel:

$$30+1+30 = \frac{C}{1} + \frac{12\,L}{2} + \frac{18\,M}{3-5}$$

Die Zahnformen sind dieselben.

Diese Schnecke wird von PILSBRY der Schale nach mit
Vorbehalt unter *Ganesella* eingereiht.

Zum Schluss beschreibe ich noch den Körper eines *Trishoplita*, der von KUROIWA in *Godaiyama*, Provinz *Tosa* gesammelt und ohne die zur Artbestimmung nötige Schale eingesandt ist, als

Trishoplita spec.?

Der *Mantel* ist, soweit er erhalten, mit schwarzbraunen Flecken bedeckt, die besonders auf dem Lungendach zu grossen Klecksen und parallelen Querbinden zusammenfliessen. Der *Kiefer* ist weniger gekrümmt als der von *T. pallens* und zählt blos 9 Platten. In den *Genitalien* ist kein Unterschied von dem bisher beschriebenen zu sehen; das Flagellum ist sehr kräftig.

Die eingesandten Clausilien gehören sämtlich zur Section *Phaedusa*, von der eine japanische Art, *Ph. Reiniana* Kob. schon von WIEGMANN im Jahre 1878 untersucht und beschrieben wurde ('78 *b*), und zwar zur Unterabteilung *Stereophaedusa*. Als Ausgangspunkt behandeln wir

Stereophaedusa japonica (Crosse).
(Taf. VI, Fig. 106–110.)

19 Exemplare von *Kobe* sind sämtlich linksgewunden, ihr Weichkörper macht 7 Umgänge.

Die Platte des *Clausiliums* (Fig. 106) ist sehr stark gebogen und fast oblong, nur an der untersten Kante etwas abgeschrägt.

Unter den grossen *Muskeln* (Fig. 107) nimmt der Windungsrichtung des Gehäuses entsprechend der Pharynxretraktor seinen Ursprung in der Nähe des rechten Seitenretraktors und zwar ist er mit ihm auf $\frac{1}{4}$ seiner ganzen Länge fest verbunden, während WIEGMANN ('93, 234) ihn bei den Phaedusen frei verlaufen lässt. Auch die Seitenretraktoren sind im Anfange ein kleines Stück mit einander vereinigt.

Die *Niere* hat die der Gattung eigene gedrungene Form; in diesem Falle ist sie blos um die Hälfte länger als der Herzbeutel.

Am *Kiefer* fällt die sehr gestreckte flachbogige Figur auf; der schneidende Rand ist in der Mitte um ein geringes ausgeschweift, und die Oberfläche mit zahlreichen feinen senkrechten Querstreifen bedeckt (Fig. 108). Die Breite beträgt 0,8 mm.

Die *Radula* fällt unter den ersten der von WIEGMANN ('93, 244) für die II. Reihe der Clausilien aufgestellten Typen mit der Formel $\frac{C}{3} + \frac{x\ L}{2} + \frac{x\ M}{3-x}$. Dementsprechend hat der *Mittelzahn* (Fig. 109, *C*) eine grosse kräftige Hauptspitze, die den Hinterrand der gedrungenen und vorn spitzwinklig eingebuchteten Basalplatte überragt. Weit vorn gliedern sich vom Epithem die ansehnlichen und scharfen Seitenspitzen ab.

Die Mittelspitze der *Lateralzähne* geht von einem grossen Ektodonten begleitet in der 1. Längsreihe parallel mit dem Centralzahn, bald aber wird unter Verbreiterung des Epithems die Richtung centripetal. Mit der Abschnürung des Entodonten im 10. Längsgliede entstehen die

Marginalzähne. Jener erreicht nicht die Länge des Mesodonten, legt sich aber seitlich über die Basalplatte des Nachbargliedes. Es können aussen vom Ektodonten 1–2 Nebenzacken auftreten, jedoch geschieht dies erst in den drei letzten Randplatten und auch da nicht häufig.

Die Zahl der Zähne in einer Querreihe nimmt mit 47 eine Mittelstellung unter den bereits untersuchten Schliessmundschnecken ein; ihre Formel lautet:

$$23 + 1 + 23 = \frac{C}{3} + \frac{9\,L}{2} + \frac{14\,M}{3-5}$$

$$C = 0,023 \text{ mm.}$$
$$L = 0,029 \text{ mm.}$$
$$M = 0,017 \text{ mm.}$$

Die Zusammensetzung des *Genitalapparates* (Fig. 110) entspricht der Charakteristik der Section *Phaedusa* durch WIEGMANN ('78, 202 und '93, 242), weicht aber in mehreren Punkten, z. B. in der Beziehung zum Retraktorensystem davon ab.

In der bekannten Weise verläuft der linke grosse Tentakelrückzieher über dem Vas deferens zwischen Penis und Vagina. Die Zwitterdrüse besteht aus unregelmässig gestellten Lappen von kleinen Drüsenschläuchen — bei *S. Reiniana* nach WIEGMANN aus „mehreren Büscheln kleiner Blindsäck" ('78, 204), bei *Ph. obesa* v. Mts. var. *gracilior* aus „6 grösseren, einreihig in den Zwittergang einmündenden Bündeln" ('93, 227), also an manche oben behandelte Heliciden erinnernd. Ihr Gang ist wenig geschlängelt und daher ziemlich lang. Das zugehörige Divertikel ist die gewöhnliche, hier aber etwas kurze Schlinge. Die Eiweissdrüse ist wie bei allen Clausilien recht klein im Verhältnis zu den anderen Genitalorganen und löffelartig verbreitert. Der Uterus ist so stark geknäuelt, dass er aus lauter einzelnen Blättchen zu bestehen scheint. Ziemlich hoch oben an der Vagina setzt sich der sehr dicke und unten mit sehniger Wandung versehene Stiel der Samentasche an, der oben das grosse halbmondförmig gekrümmte Receptaculum trägt. In der Mitte des Stieles zweigt sich ein dicker, oft jenen an Volumen übertreffender Gang ab, das Divertikel (*div*), das in situ dem Ovispermatodukt eng anliegt und oben blind endigt.

WIEGMANN hatte ('78a, 166) behaupten zu können geglaubt, dass ein analoges Organ, welches als drüsiger Gang bei der I. Reihe von Sectionen der Gattung *Clausilia* vorkommt, noch wirklich in Form eines Ductus receptaculo-uterinus mit dem Eisamenleiter in Verbindung stehe, nimmt diese schon von v. IHERING ('92, 390) bezweifelte Annahme aber später ('93, 240) zurück und erklärt das Gebilde für eine weibliche Anhangsdrüse. Dennoch werden wir mit dem zu zweitgenannten Forscher aus morphologischen Gründen glauben dürfen, dass wir es hier, wie bei den anderen damit ausgerüsteten Heliciden, mit dem Reste einer alten Verbindung zwischen Samentasche und Eileiter zu thun haben. Denn gerade das verhältnissmässig häufige Vorkommen bei verschiedenartigen Formen spricht dafür. Bei *Tachea nemoralis* (Müll.) kamen Exemplare vor, deren Divertikel bei besonderer Länge sich oben so innig dem Uterus anschmiegte, dass man zu jener Annahme förmlich gedrängt wurde. Eine vorsichtige Präparation zeigte allerdings immer das obere blinde Ende des vermeintlichen Ganges.

Der Penis setzt sich sehr weit vorn an der Geschlechtscloake an. Sein Vas deferens ist sehr lang und fein; es schlingt sich mehrmals um Blasenstiel und Vagina herum, mit der letzteren durch feines Bindegewebe vereinigt, und verläuft dann eine Strecke auf dem unteren Teile des Penis hin (v), wobei es fest mit dessen Wandung verwachsen zu sein scheint, aber unschwer lospräpariert werden kann. Auf diese Weise kommt es zu Stande, als ob der Penis eine Schlinge bilde (Fig. 110). Von ihm sich loslösend geht der Samenleiter nach kurzem Verlaufe allmählich in den Apex der Rute ein. Ein kleines Stück hinter dieser Stelle tritt der vom Epiphragma kommende Retraktor (rp) an den Penis heran.

Ausdrücklich muss ich bemerken, dass es mir nicht ge-
glückt ist, eine Beziehung zwischen Genitalapparat und columellarer Muskulatur zu finden, und zwar weder bei *S. japonica* noch
allem Anschein nach bei den zwei folgenden Arten, während
solche von WIEGMANN und zwar für das Receptaculum seminis
bei allen Phaedusen, für den Penis aber bei *Ph. Reiniana* nachgewiesen wurden.

Stercophaedusa bilabrata Smith.

(Taf. VI, Fig. 111.)

5 Exemplare von *Kobe* wurden untersucht.

Ihr *Clausilium* gleicht vollkommen dem der vorigen Art.
Die Körperfarbe ist weiss, die Lungenhöhle sehr durchsichtig,
der Eingeweidesack beschreibt nur 5–6 Umgänge, dagegen ist
die Niere nahezu doppelt so lang wie der Herzbeutel. An den
Muskeln kehren die oben beschriebenen Verhältnisse wieder, nur
die Seitenretraktoren sind etwas weiter verwachsen. Auch der
Kiefer ist abweichend geformt (Fig. 111), nämlich bei einer
Breite von 0,6 mm. stark gekrümmt und unten mit einem zwar
flachen aber deutlichen Zahnvorsprung versehen.

Die *Radula* hat die gleichen Zahnformen wie *S. japonica*,
doch tragen die Marginalzähne höchstens 4 Spitzen.

$$21 + 1 + 21 = \frac{C}{3} + \frac{7\,L}{2} + \frac{14\,M}{3-4}$$

An den *Genitalien* bemerkte ich insofern Abweichungen,
als das Divertikel des Receptaculum seminis allein weit länger
war als der ganze Stiel mit seiner Blase. Ferner schien mir
vom linken Ommatophoren ein zarter, schon etwas bindegewebi-
ger Muskel an die Genitalcloake heranzutreten, jedoch bin ich

darüber nicht ganz ins Klare gekommen und gebe daher diese Mitteilung nur mit Vorbehalt. Die Vereinigung des Vas deferens mit dem Penis an der in Fig. 110 mit *v* bezeichneten Stelle ist bei dieser Art eine so innige, dass beide ohne Verletzung nicht getrennt werden können.

Stercophaedusa valida Pfr.

(Taf. VI, Fig. 112.)

Die 3 Exemplare dieser *Liukiu*-Art waren von NAKAGAWA bei *Kunchan* auf *Okinawa-shima* gesammelt.

Der Fuss dieser grossen Clausilie ist 11 mm. lang und von grangelber Farbe. Ihr Kiefer ist wie der von *S. bilabrata* gebaut, 0,7 mm. breit. Auffallend ist die kugelige Form des Pharynx.

Die *Genitalien* zeichnen sich durch eine stark ausgebildete Prostata aus, die sich durch ihre graublaue Farbe lebhaft von dem Uterus abhebt. Das Vas deferens ist kurz vor dem Eintritt in den Penis etwas angeschwollen.

Ganz abweichend von allen Angehörigen der Gattung *Clausilia* ist nun die vorliegende Art durch den Bau ihrer *Radula* (Fig. 112). Während nämlich das Central- und die Lateralglieder die gewöhnliche Gestalt aufweisen, sind die Randglieder nicht in der gewöhnlichen Weise durch die Vermehrung der Zahnspitzen gekennzeichnet, sondern gerade durch das Gegenteil. Der Entodont tritt überhaupt nicht auf, und der Mesodont streckt sich von der 14. Längsreihe ab bedeutend in die Länge und schiebt sich schräg nach innen über das Nachbarglied; dies letztere jedoch nur in den nächsten 6 Reihen, also bis zum 20. Gliede, worauf die Richtung der Epithemen wie-

der senkrecht wird. Gleichzeitig spitzen sich Meso- und Ektodont immer mehr zu. Parodonten finden sich auch in den
äussersten Randgliedern nicht. — Die Zahl der Längsreihen von
65 ist eine der höchsten in der ganzen grossen Gattung. Die
Formel heisst demnach:

$$32 + 1 + 32 = \frac{C}{3} + \frac{13\,L}{2} + \frac{19\,M}{2}$$

$$C = 0{,}023 \text{ mm.}$$
$$L = 0{,}026 \text{ mm.}$$
$$M_{17} = 0{,}031 \text{ mm.}$$

Eine solche Verarmung der Radulaglieder an Spitzen nach
dem Rande zu muss als etwas ganz Aussergewöhnliches nicht
nur unter den Clausilien, sondern unter den Heliciden überhaupt
bezeichnet werden.

Buliminus Reinianus Kob.

(Taf. VI, Fig. 113–115.)

2 Erwachsene, von NAKAGAWA auf *Okinawa* (Liukiu) gesammelt. Da die Schalen erhalten bleiben sollten, konnte nur
ein Exemplar dieses ansehnlichen *Buliminus* genauer untersucht
werden.

Die Farbe des Tieres ist weiss und der Fuss 10 mm. lang,
seine Sohle ungeteilt, aber mit sehr breitem Saum. Der Bruchsack macht 5 Drehungen, auf der Aussenseite ist ein eigentümliches kreideweisses Pigment unregelmässig verteilt.*

---

* Sollte sich's hier nicht um ein Excret handeln, um eine Verbindung aus der Harnsäure-
oder Guaningruppe? Solche kommen namentlich bei nackten Pulmonaten nicht allzu selten
vor, z. B. bei *Trichotoxon* und anderen Afrikanern, auch bei *Vaginula*. Freilich gehört auch
das Pigment der Cutis vermuthlich zu den Excreten.—SIMROTH.

In der langen Atemhöhle befindet sich eine schmale *Niere* von der dreifachen Länge des Pericards, die vorn in den linearen und bis zum Mantelrande reichenden *Ureter* von weisser Farbe übergeht — das Bild einer Basommatophorenniere.

Die *Muskulatur* ist durch den von den anderen Retraktoren ganz isolierten Rückzieher des Pharynx gekennzeichnet, der sich beim Herantreten an diesen sehr verbreitert.

Ungewöhnlich ist das Verhältnis der *Speicheldrüsen* zu einander; sie sind nämlich oben von einander getrennt, unten dagegen verschmolzen. Der *Kiefer* (Fig. 113) zeigt den aulacognathen Typus, indem er mit einer grossen Menge feiner paralleler Streifen bedeckt ist; die Form ist eine halbmondförmige mit verbreiterten Enden, ohne Zahnbildung am Kaurande; die Breite beträgt 1,2 mm.

Leider war die *Reibeplatte* wegen grosser Brüchigkeit nicht vollständig zu gewinnen, doch dürften der Form der Zähne und der Analogie mit andern Arten nach nur wenige, 3—5, Randglieder verloren gegangen sein.

Die Grundplatte des *Mittelzahnes* (Fig. 114) ist nahezu rechteckig, der Mesodont sehr breit und spitz schaufelförmig, von 2 winzigen Nebenspitzen begleitet.

Bei den *Lateralzähnen* ist jene gleich in der ersten Reihe nach aussen geschweift; dies nimmt allmählich zu und erstreckt sich auch auf die innere Seitenkante. Die Hauptspitze ist auch hier schaufelartig verbreitert, der kurze und stumpfe Ektodont sitzt weit vorn.

Die *Marginalzähne* entstehen nicht in der üblichen Weise durch Abgliederung eines Entodonten, sondern dadurch, dass der Mesodont eine eigentümliche schlanke Form annimmt, der Ektodont aber länger und spitzer wird. Dies macht sich vom

10. Gliede an bemerklich. In den äussersten Randzähnen kann er 1–2 Nebenzacken gewinnen.

Mit Berücksichtigung der fehlenden Glieder ergiebt sich die Formel

$$18\ (23?) + 1 + 18 = \frac{C}{3} + \frac{9\ L}{2} + \frac{9 + x(5?)\ M}{2-4}.$$

$$C = 0,029 \text{ mm.}$$
$$L = 0,034 \text{ mm.}$$
$$M = 0,023 \text{ mm.}$$

Ueber die *Genitalien* der deutschen *Buliminus*-arten sind wir durch LEHMANN ('73) unterrichtet, aber die Zurückführung der einzelnen Teile auf ihren morphologischen Wert lässt in seinem Buche zu wünschen übrig. Bei unserer Species (Fig. 115) ist die *Zwitterdrüse* eine kleine unregelmässige Traube, von der ein nicht eben langer Gang zur grossen, breit zungenförmigen Eiweissdrüse führt. Neben dem gefältelten Spermoviduct läuft eine breite dunkel gefärbte *Prostata* her. Die anschliessende Vagina ist von beträchtlicher Weite und trägt weit vorn den kräftigen Stiel der Samentasche, von dem sich halbwegs ein mächtiges *Divertikel* mit keulenförmig verbreitertem blinden Ende abzweigt. Ferner entspringt dicht unter dem Ende des Spermoviduktes das lange fadendünne Vas deferens, dessen Eintrittstelle in den Penis besonders ausgezeichnet ist. Hier nämlich inseriert sich auch der kräftige vom Epiphragma kommende *Rückziehmuskel* (*rpe*), und unmittelbar darunter macht der Penis eine *Erweiterung* (*erw*), die mit dem Retraktor ausser Zusammenhang steht. Dieses Gebilde würde, wenn sein Vorkommen hier ein normales ist, nur unter den Zoniiden und zwar bei *Dendrolimax Heynemanni* Dohrn seines Gleichen haben; dabei stehen sich jedoch die Auffassungen des Entdeckers, SEMPER und die v. IHERING's gegenüber: jener ('70, 20) nennt es Flagellum, dieser ('92, 398) schlecht hin „den neben dem Retractorcœcum stehenden Blindsack."* Auch das eben darunter befindliche eigentliche *Flagellum* (*fl*) von kurz gedrungener Form macht Schwierigkeiten, denn dieses Anhängsel hat bei jeder anderen Schnecke oberhalb des Retraktors seinen Platz, hier aber unterhalb! Des weiteren erscheint der Penis in seiner ganzen Länge von gleicher Weite, ohne Abgliederung eines Epiphallus, der ja auch unter den Heliciden nur den höheren Tribus zukommt, während wir der Gattung *Buliminus* eine tiefe Stelle innerhalb der beschalten Stylommatophoren anzuweisen pflegen.

Ganz unten, nämlich dicht vor dem Eintritt in die Genitalcloake, erhält der Penis noch einen *zweiten* ansehnlichen Rückziehmuskel (*rpc*) und dieser entspringt vom *Spindelmuskel* und zwar vom rechten Tentakelretraktor! Eine solche Ausstattung des Penis mit zwei Muskeln von verschiedenem Ursprunge besitzt meines Wissens nur noch *Clausilia ventricosa* Drap., und wenn wir mit v. IHERING ('92, 420) annehmen, dass der columellare Penisretraktor der ursprüngliche, bei den meisten Stylommatophoren aber zu Gunsten des epiphragmatischen verkümmert sei, so mag das gleichzeitige Vorkommen beider ein archaistisches Merkmal sein. Freilich haben unsere einheimischen *B. obscurus* Müll. und *B. tridens* Müll. nach LEHMANN nur einen Muskel unten an der Rute, über dessen Ursprung er nichts angiebt; bei der zweiten Art gabelt er sich proximal.

---

* Betreffs *Dendrolimax* glaube ich, wiewohl hier nicht viel darauf ankommt, eine andere Auffassung vertreten zu sollen (Nova Acta Leopold. LIV). Der Anhang liegt noch proximal vom Retraktor und gehört, was bei *Dendr. Greeffi* schärfer hervortritt, zum Epiphallus, der sehr schlank ist und an beiden Enden einen derartigen Anhang trägt, so gut wie andere afrikanische Nacktschnecken. Ich habe beide Anhänge als Kalksäcke bezeichnet, allerdings ohne von ihrer Thätigkeit mehr aussagen zu können, als dass sie zur Bildung der Spermatophore beitragen.—SIMROTH.

Aber damit sind die eigntümlichen Züge in dem Bilde dieses Genitalapparates noch nicht erledigt. Dicht über dem Genital- atrium (*ga*) nämlich inseriert sich am Penis ein sonderbar ge- formtes Organ, die *Appendix* (*app*). Obwohl auch bei *B. obscurus* vorhanden, ist sie hier noch mit besonderen Eigenschaften ver- sehen. Von demselben Durchmesser wie der Penis und mit ebenso derber Wandung hat sie nur etwas ein Drittel seiner Länge, setzt sich aber apical nach einer plötzlichen Verengerung in eine kolossale *Geissel* (*fla*) fort, die bei immer noch beträcht- licher Dicke so lang ist wie der ganze Genitalaparat und oben etwas angeschwollen endigt. Im Innern besitzt die eigentliche Appendix an der genannten Verengerung (*w*) einen krausen- ähnlichen *Schleimhautwall*, mit hohem Epithel bekleidet. Ein Stück unterhalb davon setzt sich ein kräftiger *Retraktor* (*ra*) an, der zum Epiphragma verläuft.[*]

Wenn man diese mancherlei Besonderheiten der Appendix vergleichend mit derjenigen anderer Gattungen betrachtet, wird man mit v. IHERING ('92, 397) auf eine Homologisierung ihrer aller gern verzichten, wohl aber vermöge der überaus weiten Ver- breitung und des Vorkommens in den verschiedensten Familien dazu neigen, darin ein bei den Vorfahren der typischen scha- lentragenden „Nephropneusten“ weit verbreitetes Organ zu sehen (403).

Welche Function können wir uns aber für dieses bedeutende Anhangsgebilde denken? Ich glaube es im vorliegenden Falle für nichts weniger als für einen *zweiten Penis* ansprechen zu müssen und zwar aus folgenden Gründen. Die sehr tiefe Stel- lung am Penis, die fast eine solche an der Genitalcloake ist,

---

[*] Letztere Bemerkung gebe ich nach dem Gedächtnisse wieder, da ich leider bei der Sektion die betreffende Beobachtung versäumt habe niederzuschreiben; ein Irrtum ist also nicht unbedingt ausgeschlossen.

spricht für eine frühere Unabhängigkeit von jenem. Dagegen aber, dass ein Herüberwandern auf die Vagina, also eine beginnende Umwandlung zur Appendicula im Sinne v. IHERING's hier stattfinde, spricht die Festheftung durch einen kräftigen Muskel. Dazu kommt die stattliche Grösse, der gleiche Durchmesser und dieselbe Struktur der Wandung wie beim Penis, hauptsächlich aber das Dasein eines ganz typischen Retraktors, der sonst nirgends wiederkehrt. Ferner erinnert das Relief des Inneren an der Grenze gegen das Flagellum an die mancherlei Bildungen wie Glans, Zipfel, Falten u. s. w., die das distale Ende des Schneckenpenis auszuzeichnen pflegen. Was aber hat die lange Geissel zu bedeuten? Ist sie eine wuchernde Neubildung oder — die Natur der Appendix als die eines Penis angenommen — ein ungewöhnlich langes Flagellum? Ich glaube vielmehr: das zugehörige Vas deferens, das dann ganz am gewöhnlichen Platze in die Rute eintreten würde. Ausserdem stellt sich dieser Teil durch die stumpfe keulenförmige Verbreiterung dem Divertikel des Blasenstiels an die Seite, dem man doch ohne grosse Bedenken eine frühere Verbindung mit dem Spermovidukt zugesteht.

Wir dürfen uns nicht verhehlen, dass auch dann, wenn wir den angeführten Gründen für die Penisnatur der Appendix Gewicht beilegen, es an Analogieen für eine Verdoppelung des Begattungswerkzeuges in der Klasse der Weichtiere fehlt. Aber auch so könnte der Charakter von *Bulininus* als einer altertümlichen Form dafür ins Feld geführt werden, solange wenigstens, als eine Untersuchung der Entwicklungsgeschichte nicht das Gegenteil erweist. Freilich ist die Aufklärung der Ontogenie solcher kleiner niedrigstehender Stylommatophoren wie *Pupa* und *Buliminus* schon seit lange ein frommer Wunsch. Um übrigens die Möglichkeit eines doppelten Penis von dem geschilderten Baue nachzuweisen, braucht man sich nur zu erinnern dass viele Schlangen zwei Penes besitzen, von denen nur einer functionsfähig ist, d. h. bei der Paarung Sperma aufnimmt und fortleitet.*

Succinea horticola Reinh.

(Taf. VI, Fig. 116–119)

lag in 5 Stücken von *Tokyo* vor.

Das Gehäuse dieser kleinen Bernsteinschnecke ist 10 mm. hoch und im Gegensatze zu den westpaläearctischen Arten von bedeutender Härte. Der Bruchsack macht kaum 3 Umgänge und ist aussen dunkelbraun marmoriert. Die Sohle des 5 mm. langen Fusses ist ungeteilt.

Am *Mantelrande* (Fig. 116) findet sich nur einspitzer Schalenlappen; Nackenlappen fehlen. Die Afteröffnung (*a*) ist nicht wie sonst durch allerlei Hautwülste verdeckt, sondern liegt völlig frei und ist von einem erhabenen Ringwalle (*w*) umgeben. Ziemlich versteckt liegt dagegen das sehr kleine Atemloch (*al*), nämlich mehr oder minder unter dem Schalenlappen. Aus dem Atemloch heraus kommt die Harnrinne, als Fortsetzung des „sekundären Ureters" und verläuft zum After, wo sie wie gewöhnlich endigt. Eine gemeinschaftliche Grube für die Oeff-

---

* Ich erlaube mir, über die Bedeutung dieses zweiten Anhangs eine andere Vermutung auszusprechen. Ich halte ihn für einen Pfeilsack mit Pfeildrüse und Retraktor, aber ohne Pfeil. Solche finden sich in typisch-ähnlicher Ausbildung und Anordnung namentlich bei *Urocyclus* und *Parmarion*. Auch die glans-artige, durchbohrte Papille im Grunde des Sackes als Ausführgang der Drüse kommt vor, sogar wie bei *Vitrina*. In gewisser Weise kommt meine Auffassung der oben vorgetragenen nahe, in soweit ich angenommen habe, dass in der That dieser Pfeilsack bei der Paarung ausgestülpt wird und die Uebertragung, bez. Weiterleitung des Spermas besorgt. Dass der Pfeilsack mehr auf dem Penis übertritt, findet Analogieen bei *Zonitoides* und *Planorbis.*—SIMROTH.

nungen der Mantelorgane, wie sie sonst als Pneumatostom auf-
zutreten pflegt, fehlt also hier.

Die Anordnung des *Pallialcomplexes* in der Lungenhöhle
ist ganz dieselbe wie bei *Succinea amphibia* Drap.

Der *Kiefer* hat die dem Genus eigentümliche Form. Er
besteht aus dem eigentlichen *Kiefer* von mässig gebogenem
Umriss mit glatter Oberfläche und stumpfem Zahn, und aus der
oben sich ansetzenden quadratischen Platte (Fig. 117). Jener
ist 0,9, diese 0,7 mm. breit.

Die *Radula* (Fig. 118*a*) besitzt 45 Längsreihen. Die Zähne
einer halben Querreihe sind in einer stark nach vorn geschwun-
genen Linie angeordnet (Fig 118*b*). Die Basalplatte des *Centralzahnes* ist hinten nur wenig verbreitert, der Hinterrand tief
eingezogen mit spitzigen Ecken jederseits. Der Mittelzahn ist
lang, lanzettförmig mit etwas geschweiften Seitenkanten; hoch
oben zwei kleine Seitenzacken.

Die *Lateralzähne* haben eine flügelförmig nach hinten und
aussen verlängerte Basalplatte. In den ersten Längsreihen ist
der Mesodont breit und lang, später gestreckter; dazu ein langer
und spitzer Ektodont. Von der 9. Reihe ab entstehen, durch
Hinzukommen des übrigens kleinen und schmalen Entodonten,
die

Marginalzähne. Innerhalb dieser schnürt sich innen vom
Ektodonten eine kleine Nebenzacke ab; der Mesodont wird
länger und schmäler.

$$22 + 1 + 22 = \frac{C}{3} + \frac{8\,L}{2} + \frac{14\,M}{3-4}$$

$C = 0,0199$ mm.

$L = 0,0228$ mm.

$M = 0,0220$ mm.

Ueber die *Genitalien* von *Succinea* hat v. Ihering genaue
Beobachtungen veröffentlicht ('77). Jedoch fand ich immer,
dass der Samenleiter sich nicht, wie er angiebt, schon oben an
der Eiweissdrüse vom Uterus absondert, sondern erst in der
Mitte desselben und auch an dieser Stelle die Prostatadrüse
trägt.

Die Zwitterdrüse der *S. horticola* (Fig. 119a) ist gross,
halbkuglig, aus radiär gestellten Blindsäckchen zusammengesetzt;
sie liegt der Verdauungsdrüse nur locker auf und ist aussen
mit schwarzem Pigment gesprenkelt. Der Zwittergang ist ebenso
gefärbt, ferner kurz und dick; er macht nur wenige Windungen.
Vor dem Eintritt in die massige Eiweissdrüse, nicht in ihr, wie
v. Ihering über *S. amphibia* berichtet, zweigt sich ein kurzes
Bläschen, die *Befruchtungstasche* (Fig. 119b, *bt*), von ihm ab;
es geht proximal in die beiden langen *Vesiculae seminales* (*vs*)
über, die der Gattung eigentümlich sind und nichts mit dem
„Divertikel" oder „Talon" zu thun haben, welches in der Weichtierkunde als Phantom umherspukt. Alle drei Bläschen sind
ebenfalls schwarz gescheckt. Das Vas deferens verlässt gleich
hinter der Eiweissdrüse den Uterus und trägt im Beginn seines
Verlaufes eine grosse kugelige, dem Uterus aufgelagerte Drüse
von weisslicher Farbe, die *Prostata* (*pr*). Der folgende Uterus
ist von schwammiger Beschaffenheit und geht nach starker
Faltenbildung in eine lange und enge Vagina über, die dicht
über ihrer Ausmündung den dünnen mittellangen Stiel des kugelrunden Receptaculums trägt. Der Penis ist ein kurzer drehrun-
der Muskelschlauch, in der Mitte etwas flaschenartig erweitert.
An sein oberes Ende tritt senkrecht der Rückziehmuskel heran
und zwischen diesem und der Eintrittsstelle des Samenleiters
bemerkt man eine blasige Erweiterung auf der jenem zugekehrten

Seite (cp). Was diese bedeuten mag, weis ich nicht zu sagen, jedenfalls steht sie mit dem Retraktor ausser Verbindung; eher könnte man sie als Vorstufe zu einem Flagellum ansprechen. Sie hatte übrigens bei allen untersuchten Individuen dieselbe Form und Grösse.

Als einziges Basommatophor lag der Sammlung bei

Limnaea okinawensis Ehrm.

(Taf. VI, Fig. 120.)

Es waren 3 Exemplare von NAKAYAMA bei *Shuri* auf *Okinawa* gesammelt worden.

Der Weichkörper macht 3 Umdrehungen, die Länge der Fusssohle beträgt 12-13 mm. Bei grauer Färbung des Tieres ist das Lungendach durchscheinend mit einzelnen, verwaschenen, schwarzen Flecken.

Der sogenannte *Kiefer* hat die Form desjenigen der europäischen Arten ; die *Reibeplatten* waren so brüchig, dass sie bei der Präparation zerfielen, doch liess sich der gewöhnliche Typ erkennen, bestehend aus kleinem Rhachiszahn, dreizackigen Lateral- und vielspitzigen kammförmigen Marginalzähnen, die sehr schief nach innen gestellt sind.

Die *Genitalien* haben dieselben Bestandteile wie etwa die hiesige *Limnaea stagnalis* L., nur ist die Lagerung und auch die Form mehrerer Organe etwas verschieden (Fig. 120).

Die weisse Zwitterdrüse ist eine unregelmässige Traube, aus kleinen deutlich getrennten Blindschläuchen zusammengesetzt, ihr Gang erst dünn und gerade verlaufend, dann aber so stark geknäuelt, dass man in situ die einzelnen Windungen nicht von einander unterscheiden kann. Er tritt mit dem Uterus, welcher stark gefaltet ist, erst an dessen unterstem Abschnitt in Verbindung. Ein Stück darüber sitzt die plumpe Eiweissdrüse von schwammigem Gefüge und noch weiter oben die hier sehr kleine weisse *Schalen-* oder *Nidamentaldrüse* (*sd*). Im Vergleiche zu *L. stagnalis* etc. ist also hier eine Umkehrung in der Lage der beiden letzten Drüsen eingetreten. An den Uterus schliesst sich ein breiter, durch oberflächliche Falten quergestreifter *Ovidukt* (*ovd*), auch „birnförmiger Körper" genannt, an. Als Fortsetzung des Oviduktes besteht eine sehr dünnwandige Vagina von beträchtlicher Länge, die ganz unten dicht vor der Ausmündung, den kurzen Stiel einer kugelrunden Samentasche trägt.

Der männliche Teil des Genitalapparates beginnt mit dem *Samenleiter* (*vd₁*), der mit fein getüpfelter Wandung versehen, dem Ovidukte fest aufgelagert ist. Ein Stück vor dessen Uebergang in die Scheide verlässt er ihn und erweitert sich zu der grossen birnförmigen *Prostata* (*pr*), die bei *L. okinawensis* eigentümlich geformt ist. Das untere stumpfe Ende ist nämlich wieder nach oben umgeschlagen, etwas plattgedrückt und auf der hinteren, dem Eileiter zugekehrten Seite mit einer tiefen Längsfurche versehen, welche diesen Abschnitt gewissermassen halbiert. Oben auf dem umgeschlagenen Teile entspringt das *eigentliche Vas deferens* (*vd₂*) und zieht sich in beträchtlicher Länge, teilweise in die muskulöse Leibeswand eingebettet, zum Begattungsorgane. Dies besteht in einer wenig ausgesprochenen Erweiterung des Samenleiters, dem sogenannten „*kleinen Penisschlauche,*" das heisst, dem eigentlichen Penis (*pk*). Bei den europäischen Limnäen ist dieser Teil viel schärfer abgegrenzt. Nach Anfügung von 1—2 kleinen Retraktoren verläuft der Penis etwas geschlängelt zum „*grossen Penisschlauch*" (*pg*), der ein Praeputium zu jenem darstellt. Er ist glatt und dünnwandig, an seine Spitze tritt ein vom Columellaris kommender *grosser* Muskel (*rpg*), der als Retraktor dienen könnte, und an die dem Epiphragma zugekehrte Seite mehrere *kleine* mit diesem verbundene Stränge, die Protraktoren des ganzen Paarungswerkzeuges (*prt*).

Litteraturverzeichnis.

'97. AMANDRUT, A. Structure et mécanique du bulbe chez les Mollusques.—C. R., Tom. 124, p. 243-45.

'75. GARTENAUER, M. Ueber den Darmkanal einiger einheimischen Gasteropoden. Inauguraldissertation, Strassburg.

'95. JACOBI, A. Anatomische Untersuchungen an malayischen Landschnecken (Amphidromus chloris und Amphidromus interruptus).— Archiv f. Naturgesch., 1. Bd., p. 293-318., t. XIV.

'77. v. IHERING, H. Ueber den Geschlechtsapparat von Succinea.—Jahrb. der deutsch. Malac. Gesellschaft, IV.

'92. v. IHERING, H. Morphologie und Systematik des Genitalapparates von Helix.—Zeitschrift für wissenschaftliche Zoologie, LIV, p. 386-520, t. XVIII-XIX.

'78. KOBELT, W. Fauna Molluscorum japonica extramarina.—Abhandl. der Senckenberg. naturf. Gesellsch., 11. Bd.

'73. LEHMANN, R. Die lebenden Schnecken und Muscheln der Umgebung Stettins.

'78. PFEFFER, G. Beiträge zur Naturgeschichte der Schnecken. I. Die Naniniden.—Jahrbücher der deutschen malakozool. Gesellsch., V Jahrg., p. 251.

'94. PILSBRY, H. A. Manual of Conchology. Second series: Pulmonata, vol. IX. Guide to the study of Helices.

'92. SCHUBERTH, O. Beiträge zur vergleichenden Anatomie des Genitalapparates von Helix.—Archiv f. Naturgesch., LVIII Jhrg., 1. Bd., p. 1-65, t. 1-6.

'70. SEMPER, C. Reisen im Archipel der Philippinen. Zweiter Teil. Wissenschaftliche Resultate. Dritter Band, Landmollusken.

'94. SEMPER, C. Ueber die Niere der Pulmonaten. Herausgegeben von Dr. H. SIMROTH.—Reisen etc. II Teil. 3. Band, Landmollusken. 2. Ergänzungsheft.

'78a. WIEGMANN, F. Bemerkungen zur Anatomie der Clausilien.—Jahrb. d. deutsch. malak. Ges., V, p. 157-169.

'78b. Wiegmann, F.   Anatomische Untersuchung der Claus. Reiniana Kob.,
     ibid. p. 202-7, t. 8.

'93. Wiegmann, Fr.   Beiträge zur Anatomie der Landschnecken des
     Indischen Archipels.—Zoologische Ergebnisse einer Reise in Nieder-
     ländisch Ost-Indien.   Herausgegeben von Dr. Max Weber. Band
     II, p. 112-259, t. IX-XVI.

Ausgegeben am 25. Juni, 1898.

Inhaltsverseichnis.

Tafel I.

(Figur 1–27.)

Allgemeine Bezeichnungen.

app. . . Appendix.	*rc*. . . . Retractor caudae.
C. . . . Centralzahn der Radula.	*rp*. . . . „ penis.
crp . . . Blindsack des Penisretractors.	*rph*. . . „ pharyngis.
cd. . . . Eiweissdrüse.	*T*. . . . „ des grossen Tentakels.
ep. . . . Epiphallus.	*t*. . . . . „ des kleinen Tentakels.
erw. . . Erweiterung des Vas deferens.	*vag*. . . Vagina.
ks. . . . Kalksack des Vas deferens.	*vd*. . . . Vas deferens.
osd. . . Ovispermatoduct.	*zd*. . . . Zwitterdrüse.
p . . . . Penis.	*zg*. . . . Zwittergang.

Helicarion septentrionalis Ehrm.

Figur 1. Die Mantellappen von vorn gesehen und flach ausgebreitet. Vergr. 3×.—*Pst* Pneumatostom. *Nl*, *Nr* linker, rechter Nackenlappen. *Sl*, *Sr* linker, rechter Schalenlappen.

„ 2. Die Verzweigung des Spindelmuskels. 1×.—*rs*, *rd* linker, rechter Seitenretraktor.

„ 3. Die Mantelorgane. 2×.—*n* Niere. *ur* Ureter.

„ 4. Der Kiefer. 12×.

„ 5. Radula. 610×.

„ 6. Anordnung der Radulazähne in einer Querreihe.

„ 7. Das Genitalsystem. 2×.—*psch* Penisscheide. *rs* Receptaculum seminis.

„ 8. Halbschematischer Durchschnitt des oberen Teils des männlichen Apparates. 12×.

„ 9. Ein Stück der Auskleidung des Penis. Glycerinpräparat. Die Vielecke sind optische Querschnitte von Reizpapillen. 100×.

„ 10. Eine Reizpapille im Längsschnitt. 350×.—*bg* Basalgewebe. *cz* Epithel. *sz* Stützzellen.

„ 11a, b. Zwei Formen von Kalkkörpern aus dem Kalksack des Vas deferens. 1000×.

Helicarion depressus Ehrm.

Figur 12. Der Kiefer. 27×.

„ 13. Anordnung der Radulazähne in einer Querreihe.

„ 14. Radula. 445×.

Figur 15.   Oberer Teil des männlichen Apparates. 2×.
„   16.   Halbschematischer Durchschnitt durch denselben.
„   17.   Ein Kalkkörper aus dem Kalksack des Vas deferens.

Conulus tener Ad.

Figur 18.   Der Kiefer. 85×.
„   19.   Radula. 135×.—*m* äusserste Randzähne.
„   20.   Der Genitalapparat. 12×.

Ganesella japonica Pfr.

Figur 21.   Die Aussenfläche des Mantels. 2×.
„   22.   Die Niere mit dem Herzbeutel. 1×.
„   23.   Abnorm geformtes Herz. 2×.—*a* Atrium.
„   24.   Die grossen Körpermuskeln. 3×.—*b* Verbindungsband zwischen dem Retractor phar. und dem linken Seitenretraktor. *rs, rd* linker rechter, Seitenretraktor.
„   25.   Der Kiefer. 21×.
„   26.   Die Genitalien. 1,5×.—*fl* Flagellum. *rs* Receptaculum seminis.
„   27.   Das „Divertikel" des Zwitterganges, sehr stark vergrössert.

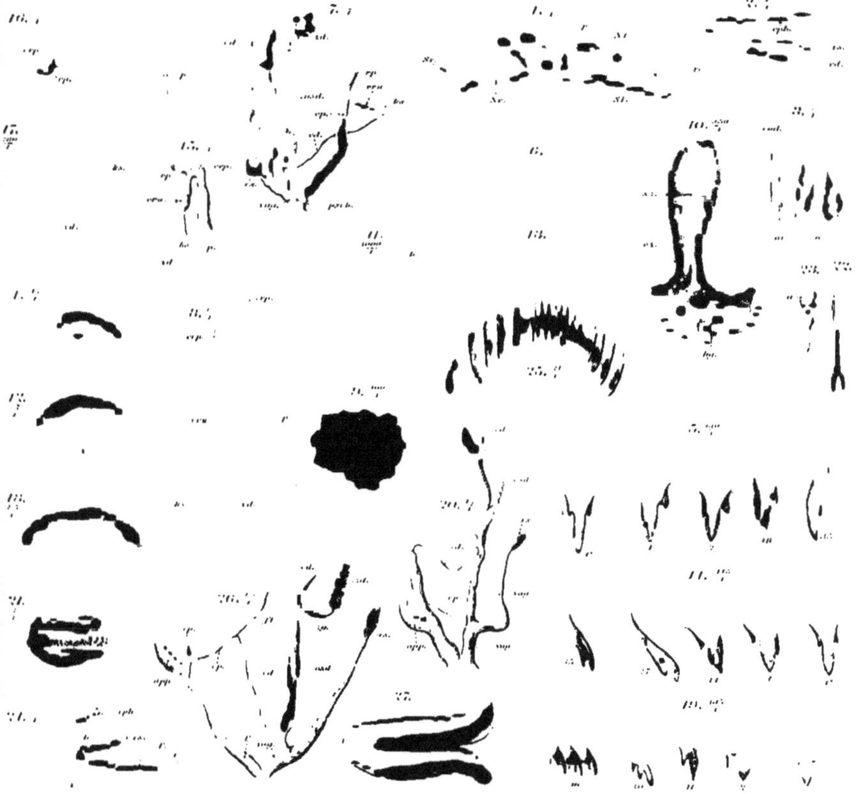

Tafel II.

(Figur 28-49.)

Allgemeine Bezeichnungen.

app. . . . Appendix.	*p* . . . . Penis.
appc. . . Appendicula.	*rc.* . . . . Retractor caudae.
C. . . . Centralzahn der Radula.	*vp* . . . „ penis.
ep. . - . Epiphallus.	*rph* . . „ pharyngis.
fl . . . . Flagellum.	*T.* . . . „ des grossen Tentakels.
lm . . . Längsmuskeln.	*t* . . . . „ des kleinen Tentakels.
qm . . . Quermuskeln.	*vd* . . . Vas deferens.

Ganesella japonica Pfr. (Fortsetzung.)

Figur 28.   Die Radula. 680×.

„   28*a*.   Anordnung der Radulazähne in einer Querreihe.

„   29.   Die Appendix geöffnet. 4×.—*w* die grossen Längswülste.

„   30.   Querschnitt durch einen Längswulst der Appendix. 85×. — *cu* Cuticula. *ez* Epithel. *k* Kalk.

„   31.   Längsschnitt durch denselben. 70×.

„   32.   Schnitt durch die Wandung eines Längswulstes. 375×.

Ganesella patruelis Ad.

Figur 33.   Der Eingeweidesack. 2×.

„   34.   Die Radula. 665×.

„   35.   Der Kiefer. 25×.

Ganesella myomphala v. Mts.

Figur 36.   Die Niere. 1×.

„   37.   Der Kiefer. 25×.

„   38.   ——————— .

„   39.   Das Retraktorensystem. 1×.

„   40.   Die männlichen Genitalien. 2×.

„   41.   Die Radula. 440×.

Helix conospira Pfr.

Figur 41*a*.   Der Kiefer. 40×.

„   42.   Die Radula 400×.

„   43.   Das Genitalsystem. 5×.

Helix Hilgendorfi Kob.

Figur 44.   Das Lungendach von aussen. 3×.
„   45.   Der Kiefer. 40×.
„   46.   Das Genitalsystem. 5×.

Eulota sphinctostoma Ad.

Figur 47.   Der Kiefer. 32×.
„   48.   Der Mantel. 1×.
„   49.   Der Kopf mit dem herausgestülpten Genitalatrium. 3×.—*atr*
Genitalatrium. *gö* Geschlechtsöffnung.

39. $\frac{4}{1}$

41. $\frac{140}{1}$

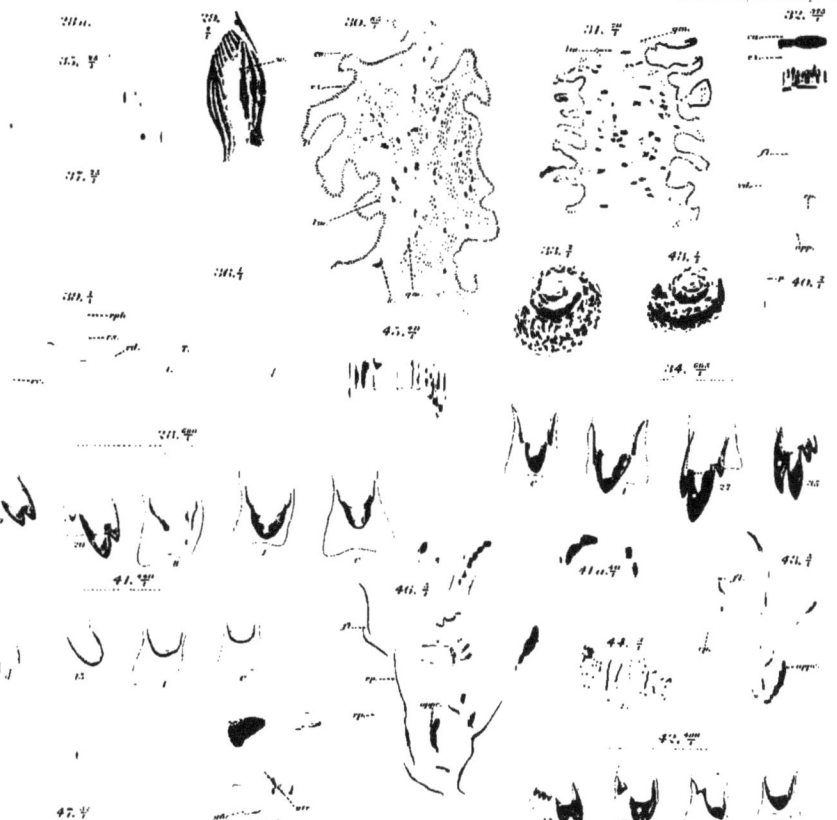

Tafel III.

(Figur 50–69.)

Allgemeine Bezeichnungen.

C. . . . Mittelzahn der Radula.	*pfs.* . . Pfeilsack.
dg . . . Einzellige Schleimdrüsen.	*rc.* . . . Retractor caudae.
ep . . . Epiphallus.	*ro* . . . „ oris.
gm. . . Fingerförmige Drüsen.	*rp* . .'. „ penis.
mf . . . Muskelfasern.	*rph* . . „ pharyngis.
n. . . . Nebenpfeilsack.	*T* . . . „ des grossen Tentakels.
p. . . . Penis.	*t* . . . . „ des kleinen Tentakels.

Eulota sphinctostoma Ad. (Fortsetzung.)

Figur 50. Das Retraktorensystem. 2×.—*rs, rd* linker, rechter Seitenretraktor.

„   51. Die Niere. 2×.

„   52. Die Reibeplatte. 440×.

„   53. Anordnung der Zähne in einer Querreihe.

„   54*a, b.* Das Genitalsystem. 1,5×.—*pfb* Pfeilsackbulbus. *ps* Penisscheide.

„   55. Pfeilsackbulbus geöffnet. 5×.—*w* Die Querwülste.

„   56. Querschnitt durch den Pfeilsackbulbus. 36×.—*o* oben, *u* unten. *cez* cubisches Epithel. *ez* Cylinderepithel. *mw* muskulöse Wandung. *w* Querwülste. *x* grössere Schleimdrüsen.

„   57. Schnitt durch die Spitze eines Querwulstes. 130×.—*u* eine aus der Tiefe nach oben dringende Schleimdrüsenzelle.

„   58*a, b.* Zwei Schleimdrüsenzellen gesondert.—250×.

„   59. Der Pfeil. 18×.

„   60. Der Penis an der Stelle des Ueberganges zum Epiphallus (Fig. 54*a* ✳) geöffnet, um die dort stehenden Läppchen *l* zu zeigen. 8×.

Eulota Sieboldiana Pfr.

Figur 61. Das Retraktorensystem. 2×.—*rs, rd* linker, rechter Seitenretraktor.

„   62. Die Zwitterdrüse. 1×.

„   63. Der Kiefer. 24×.

„   64. Die Radula. 400×.

Eulota despecta Gray.

Figur 65. Der Kiefel. 26×.
„   66. Die Radula. 440×.

Acusta laeta Gould.

Figur 67. Die Niere. 2×.
„   68. Die grossen Körpermuskeln. 2×.—*sm* Spindelmuskel.
„   69. Der Kiefer. 26×.

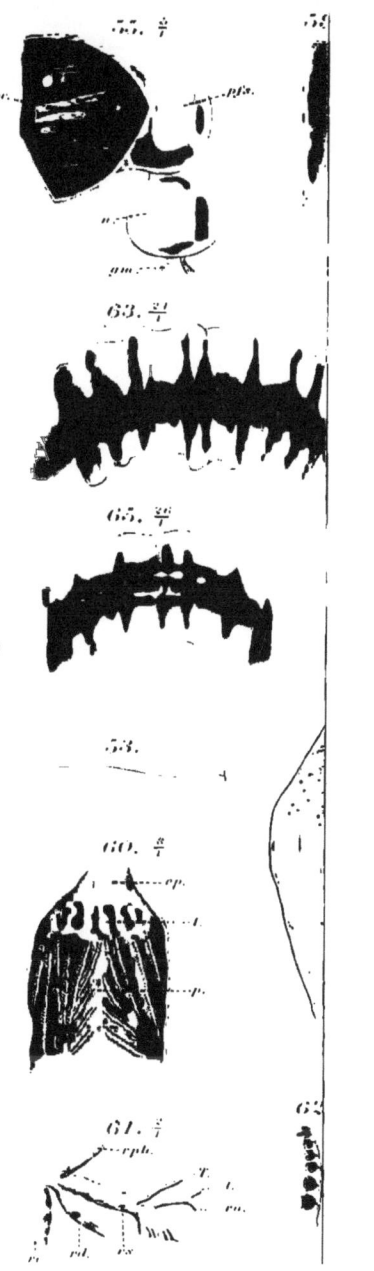

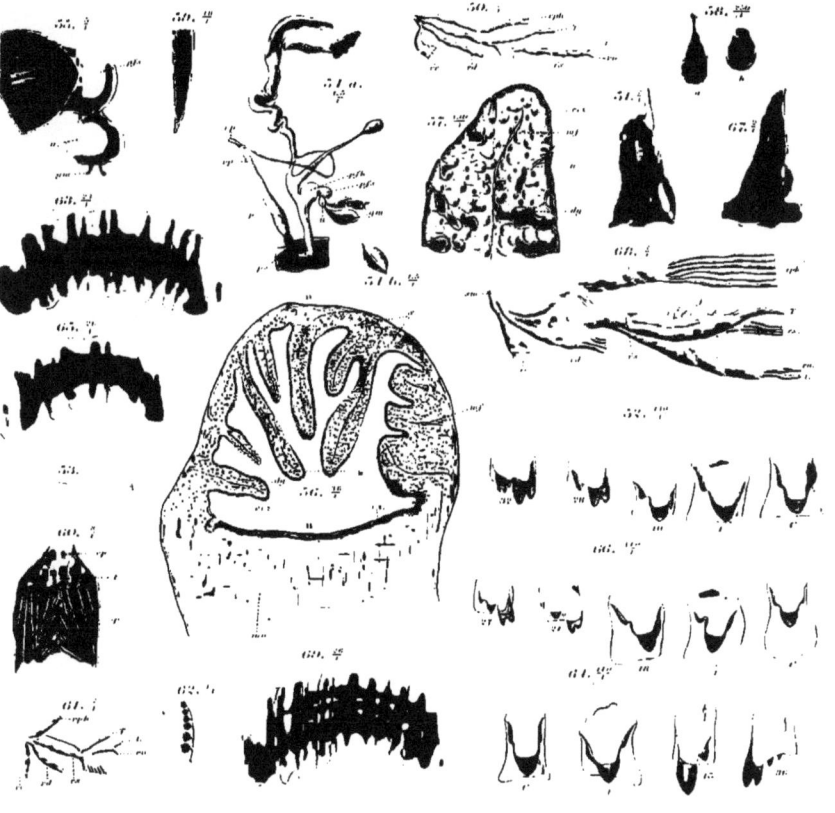

Tafel IV.

(Figur 70-81.)

Acusta laeta Gould. (Fortsetzung.)

Figur 70. Das Pneumatostom mit Umgebung. 7×.—*a* After. *al* Atemloch. *ar* Afterrinne. *hr* Harorinne. *mr* Mantelrand. *nl* Nackenlappen. *sl* Schalenlappen.

„ 71. Der Muskelapparat des Pharynx. 4×.—*o* obere, *u* untere Wandung der Leibeshöhle. *l* Levatór pharyngis. *pr* Protractor, *ro* Retractor oris. *rph* Retractor phar. *rs* Radulascheide, unter den Muskelsträngen verborgen. *s* Seitwärtszieher. *t* Rückzieher des kleinen Tentakels. *tr* Dreher.

„ 72. Pylorus geöffnet. 4×.—*f, f₁* Falten. *gg* grosser, *gk* kleiner Gallengang. *r* Rinne.

„ 73. Die Radula. 450×.

„ 73*a*. Anordnung der Radulazähne.

„ 74. Der Genitalapparat. 2,5×.—Bezeichnungen bekannt. ✲ Sitz des Reizkörpers im Innern.

„ 75. Teil eines Schnittes durch eine Schleimdrüse. 170×.—*bs* Bindesubstanz. *ds* Drüsenschläuche. *l* Lakune. *m* Muskelgewebe.

„ 76. Der Pfeilsack geöffnet. 8×.—*ft* Faltenteil. *r* Rohr. *s* Septum. *w* äussere Wandung. *z* Zäpfchen.

„ 77. Reizkörper des Penisinneren. 5×.

„ 78. Der Nebenpfeilsack geöffnet. 4,5×.—*f* Falten. *k* Kanal. *w* Wandung.

Euhadra luhuana peliomphala Pfr.

Figur 78*a*. Das Lungendach. 1×.

Euhadra luhuana Amaliae Kob.

Figur 79. Der Mantel. 1×.

„ 80. Der Pharynx. 6×.—*hb* Hinterbacken. *oc* Oesophagus. *rs* Radulascheide. *spd* Speichelgang.

„ 81. Die Radula 450×.

70. $\frac{7}{1}$

a.

ar.

nl.

al.

sl.

zd. *rs.*

74. $\frac{w^5}{1}$

pls.

vag.

78a. $\frac{4}{1}$

f.

79. $\frac{4}{1}$

70.

74.

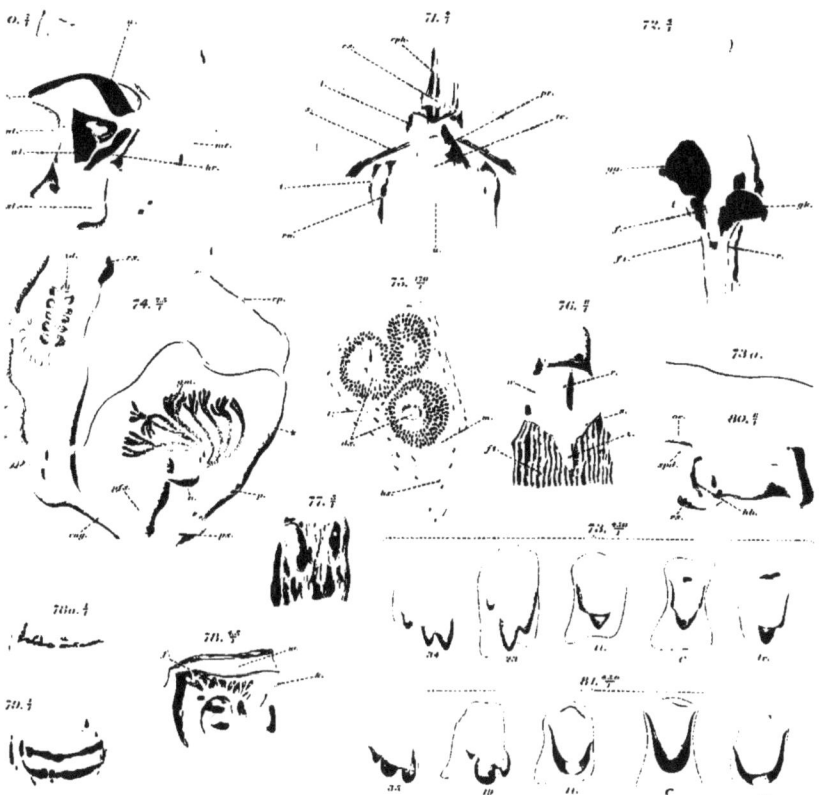

Tafel V.

(Figur 82–98.)

Allgemeine Bezeichnungen.

C. . . . . Mittelzahn der Radula.		*rd* . . . Rechter Seitenretraktor.	
ep. . . . . Epiphallus.		*rp* . . . Retractor penis.	
fl . . . . Flagellum.		*rph* . . Retractor pharyngis.	
gm . . . Schleimdrüsen.		*rs.* . . . Linker Seitenretraktor.	
pfs . . . Pfeilsack.		*vag* . . Vagina.	
ps. . . . Penisscheide.		*zd* . . . Zwitterdrüse.	
rc. . . . Retractor caudae.		*zg* . . . Zwittergang.	

Euhadra luhuana Amaliae Kob. (Fortsetzung.)

Figur 82.   Der Kiefer. 27×.

„   83.   Die Genitalien. 1×.—*ut* trächtiger Uterus.

Plectotropis Mackensii (Ad. et Reeve).

Figur 84.   Der Eingeweidesack. 1,5×.

„   85.   Der Kiefer.

„   86.   Die Radula. 735×.

Aegista kobensis Schm. u. Bttgr.

Figur 87.   Die Körpermuskulatur. 3×.

„   88.   Der Kiefer. 40×.

„   89.   Die Radula. 735×.

„   90.   Die Genitalien. 4×.

Eulotella similaris Fér.

Figur 91.   Die Körpermuskulatur. 2×.—*b* Verbindungsband zwischen linkem Seiten- und Pharynxretraktor.

„   91*a*.   Der Kiefer. 45×.

„   92.   Die Radula. 780×.

Figur 93. Die Genitalien. 3×.

„   94. Genitalcloake herausgestülpt. 2×.—*wgö* weibliche Geschlechtsöffnung. *z* Spitze des Zäpfchens im Pfeilsacke.

Eulotella Primeana Crosse

Figur 95. Der Eingeweidesack. 2×.

„   96. Der Kiefer. 26×.

„   97. Die Radula.

„   98. Die Genitalien.

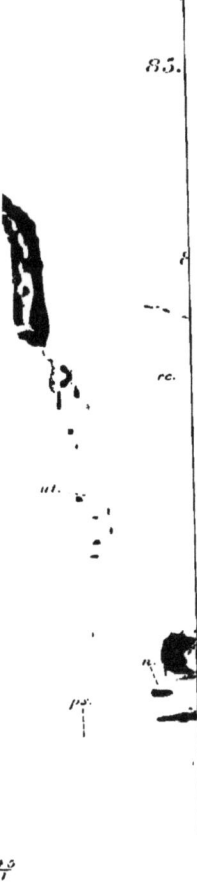

85.

s

rc.

ut.

n.

ps.

95
1

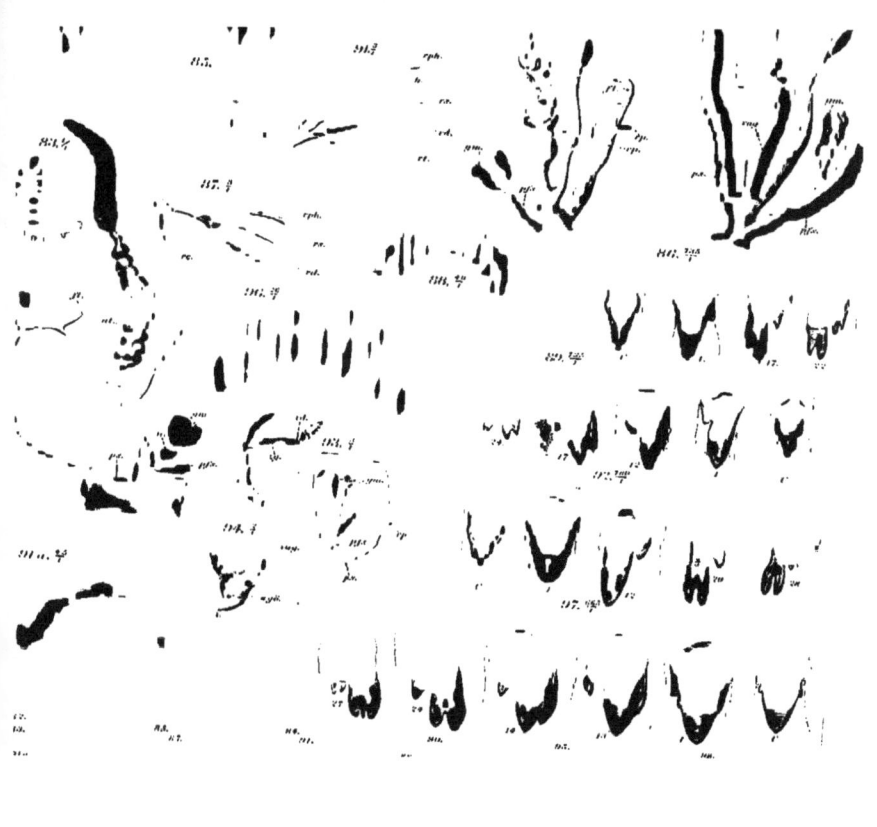

Tafel VI.

(Figur 99-120.)

Allgemeine Bezeichnungen.

div... Divertikel der Samentasche.	*rp*... Retractor penis.
ed... Eiweissdrüse.	*rph*.. Retractor pharyngis.
fl.... Flagellum.	*rs*... Receptaculum seminis, Samentasche.
gm.. Fingerförmige Drüsen.	*vd*... Vas deferens.
osd.. Ovispermatodukt.	*vs*... Samenblasen.
p.... Penis.	*zd*... Zwitterdrüse.
pr... Prostata.	*zg*... Zwittergang.

Eulotella similaris (Fér.)

Figur 99. Der Genitalapparat. 3×.—*gm* Schleimdrüse mit einfachem Gange. *pfs* Pfeilsack.

Trishoplita pallens Ehrm.

Figur 100. Die Retraktoren. 1,5×.—Bekannte Bezeichnungen.
„ 101. Das Innere des Pylorus. 7×.—*gg, gk* Oeffnung des grossen und kleinen Gallenganges. *r* Rinne.
„ 102. Der Kiefer. 32×.
„ 103. Die Radula. 685×.
„ 104. Der Genitalapparat. 1,5×.—*ga* Genitalatrium. *n* Nebenpfeilsäcke. *pfs* Pfeilsack. *ps* Penisscheide. * Angeschwollener Teil: Grenze nach dem Epiphallus.
„ 105*a*. Der Pfeil. 10×.
„ 105*b*. Die Häkchen, stark vergr.

Stereophaedusa japonica (Crosse).

Figur 106. Das Clausilium. 5×.
„ 107. Die Retraktoren. 5×.
„ 108. Der Kiefer. 60×.
„ 109. Die Radula. 640×.
„ 110. Der Genitalapparat. 2×. — *v* Verwachsungstelle von Penis und Samenleiter.

Stercophaedusa bilabrata Smith.

Figur 111.   Der Kiefer. 60×.
„   112.   Zwei Randzähne der Radula. 640×.

Buliminus Reinianus Kob.

Figur 113.   Der Kiefer. 40×.
„   114.   Die Radula. 635×.
„   115.   Die Genitalien. 3×.—*app* Appendix. *erw* Erweiterung des Penis. *fla* Flagellum des Appendix. *ga* Genitalatrium. *ra* Retraktor des Appendix. *prc* columellarer, *rpc* epiphragmatischer Retraktor des Penis. *w* Verengerung.

Succinea horticola Reinh.

Figur 116.   Mündungen der Mantelorgane. 12×.—*a* After. *al* Atemloch. *hr* Harnrinne. *w* Hautwall.
„   117.   Der Kiefer. 3×.
„   118*a*. Die Radula. 900×.
„   118*b*. Anordnung der Zähne in einer Querreihe.
„   119*a*. Die Genitalien. 5×.—*cp* Coecum penis.
„   119*b*. Die Samenblasen. 10×. *bt* Befruchtungstasche.

Limnaea okinawensis Ehrm.

Figur 120.   Der Genitalapparat. 2×.—*ovd* Ovidukt. *pg* grosser, *pk* kleiner Penisschlauch. *prt* Protractoren. *rpk* Retractoren des kleinen Penisschlauches. *sd* Schalendrüse. *ut* Uterus.

b $101.\frac{2}{1}$

$105\frac{10}{1}$

a

pr.

gk.

gg.

oslr.

$+$ r.

$114\frac{635}{1}$

c   3

rc. $100\frac{15}{1}$ rph.
rs.

$102.\frac{23}{1}$ rd

r

$111.\frac{60}{1}$ fl.

$113.\frac{40}{1}$ rp.

105.   101.   114.

100.
102.
111.
113.

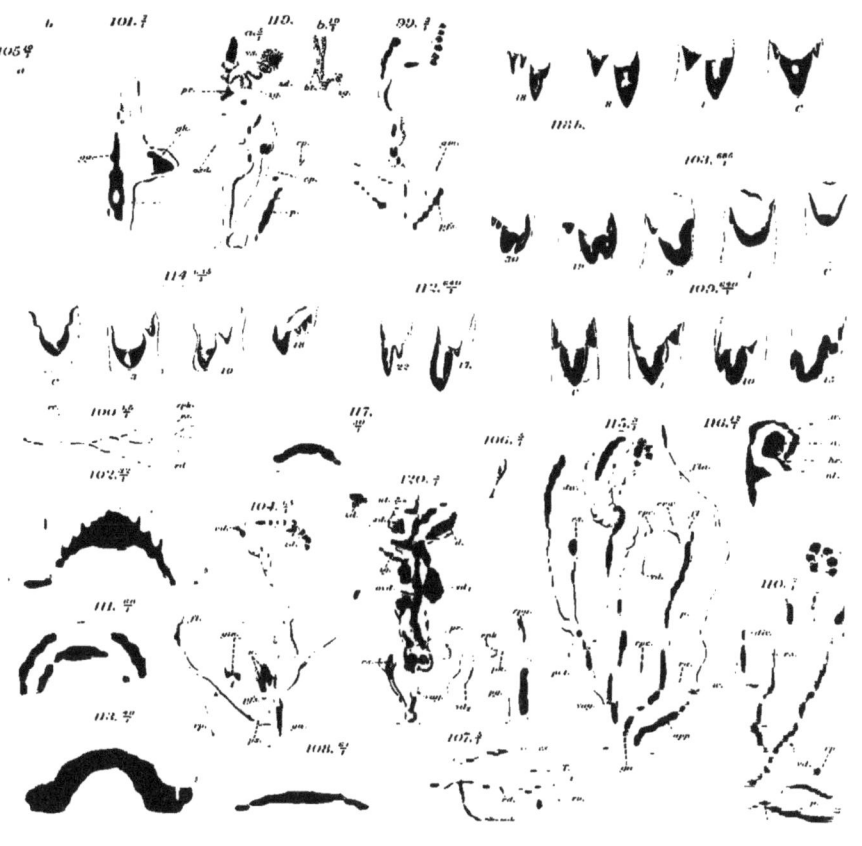

65694

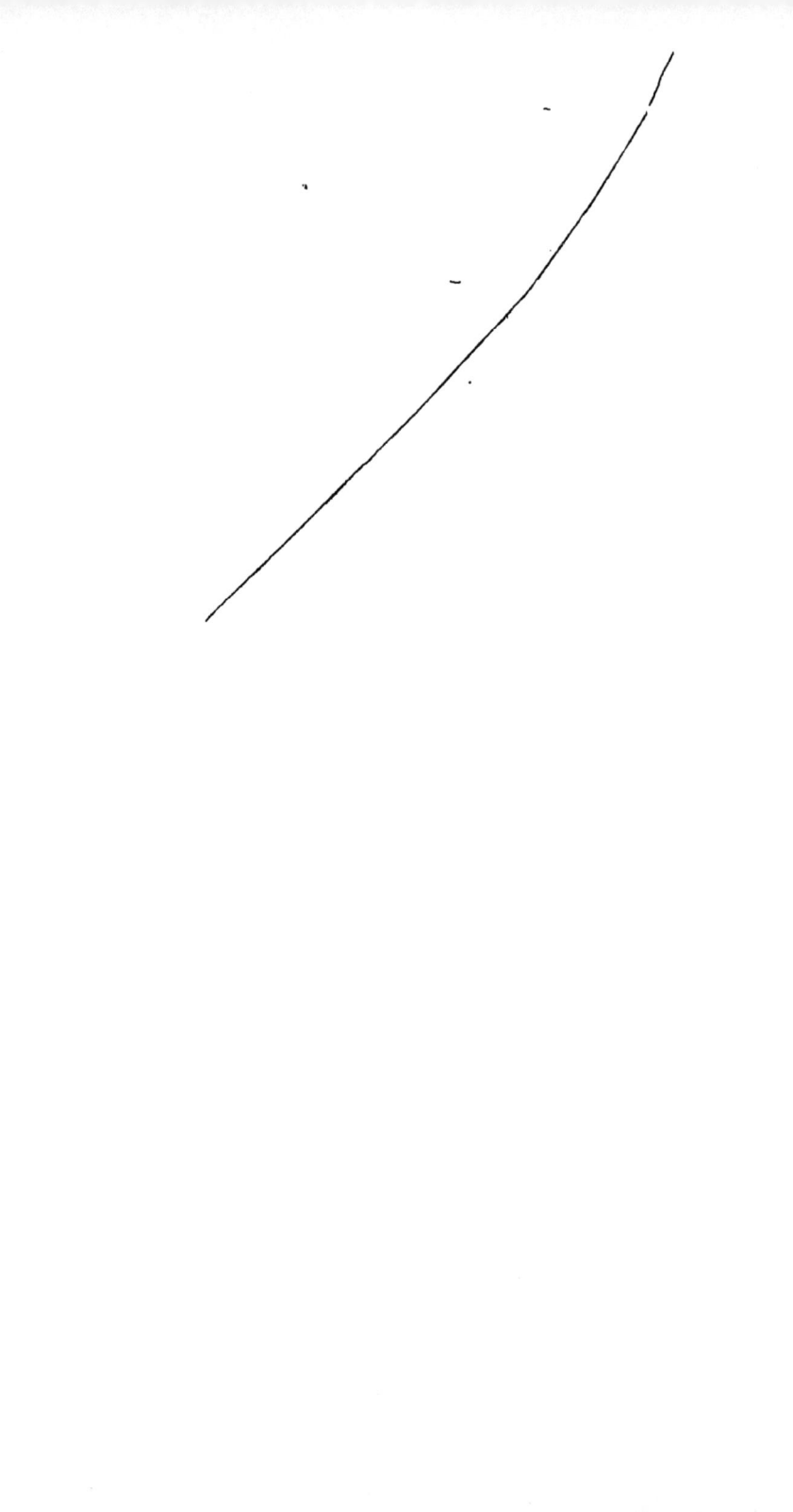